はじめに

パソコンがあれば、いますぐ始めよう！

この本を読んで、パソコンでゲームを作ってみませんか。
プログラミングは、パソコンに、いろんなことをさせる「魔法」です。
だれでも、この本を見れば、この魔法をカンタンに使えるようになります。

さあ、いますぐ始めよう !!!

パソコンが苦手、よくわからない〜、という人でも、この本をみてできるようになる！

この本は、自分の使い慣れたパソコンで、遊ぶように体験しながら、順番に理解していけるようになっています

知らない言葉を覚えていくように、「プログラミング言語」を覚えていきます

「Small Basic」は、やさしい「プログラミング言語」です。
「リンゴのかわをむけ」とか「カバンの中をカラにしなさい」というのは人が人に命令をする言葉ですが、パソコンに命令をする言葉のことを「プログラミング言語」といいます。

この「プログラミング言語」を使えば、パソコンにいろいろな仕事をやらせることができます。たとえばゲームをすることなどができます。

まずはこの本で、この4つを理解すればOK!!

1)「変数」と計算
2)「もし」という判定
3) ループ関係の手順
4) 絵や文字の表示方法

あらら、パソコンの化身(?)ドラゴンと、あなたと一緒に勉強する女の子が出てきましたね。このふたりが、ナビゲーターになってくれます。
さあ、始めましょう！
きっとあなたも「プログラミング脳」に慣れますよ♪

もくじ

ミッション1
キビシ～～イ「先生」プログラムを作ってみよう♪……7

Small Basic の出し方と空白＆改行……9
ウインドウを出してみましょう……10
もしものエラーとカラーの応用編……13
必須!! 表示方法のマスター……14
数値やモノの「変わり」、変数と計算……16
図形や線を描いてもらおう♪……19
極意!!!「判定」のお話……21
テキストボックス自由自在……23
機械とミリセカンドの待ち合わせ……26
ループ命令でステップ、らんらんらん♪……29
「メチャクチャ」＝ランダム命令を……32
プログラムを「保存」し終了する方法……36
ミッション1で作ったプログラム全体です……39

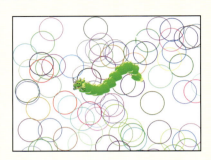

ミッション2
超リアルにウネウネする「龍」と遊ぶプログラムのお話……41

「ペイント」でお絵描きしながら……42
「保存」と「フォルダ」とパス (Path)……44
「..＼」はあのボタンと同じ意味だった！……45
うねりは「Math」クラスの三角関数で……46
第二のループ命令、while でウネウネ……49
書けば書くほど「職人」に慣れるゾ！……51
「保存」したプログラムを呼びだす方法……53
使い回しはＯＫ！……54
大ワザ「サブルーチン」、デビュー!!!……55
大ワザ「Shapes」と配列変数でキマリ……57
「File.」にはファイルをあつかうイロイロ……60
画像の定義。先に定義したものほど後ろへ……61
プログラムはアルゴリズムのかたまり……63
回転機能を使ってみよう!!!……64
マウスポインタの位置を求めよう……67
やらないと突然、悪魔が現れるかも!?……68
大きな画像の表示あれこれ……69

「襲撃!?」・リバースエンジニアリング……71
マウスのボタンがクリックされたとき……73
完ぺきなソフト・アプリは存在しない!?……75
「当たり判定」イロイロ……76
絶対値を返す「Math」の「Abs」命令……77
設計ミスもアイディア次第……79
マウスの「左」ボタン？「右」ボタン？……81
ミッション2のプログラムです……84

ミッション3
地球を守れ!!! ソフト完成までの絶対必須な物語……87

ヒーロー・ヒロイン「ソフト」の構想……88
タイムトンネル(?)で「プロ」流の書き方へ……90
「Text」クラスでタイトルはバッチリだ！……92
サブルーチン化はカンタン……94
「消す」命令で後始末までキチンと……95
目標を思い描き、必要な「機能」を考案……97

消したり出したり!? Hide & Show……99
手動「ウエイト」、空ループ＆空カウント……101
使うだけ。変換処理も怖くない！……102
ウインドウタイトルを使って「デバッグ」……103
フラグ処理はソフトのかなめ……105
X、Y座標と奥行き（高さ）のZ座標……107
爆発「don」ルーチンの目標……108
円を描く式を応用しよう……109
役目を終えたら「待機」させます……111
ソフト・アプリの実用性を高めるテク……112
自動クリッピングを活用しよう!!!……113
「エラー」チェックはこまめにやろう……114
同時に動くカラクリ……115
「init」はイニシャライズ（初期化）の略……116
カタチができたら機能を追加していくだけ……119
"#ff00ff"は何色？ 16進数のお話……121
「Program」クラスのEndはそのまんま！……123
大きな画像（背景）もウインドウサイズに……125
ミッション3のプログラムです……129

ミッション 4
最後の仕上げは 3DCG!!!　「お仕事」「ゲーム」「理解」の実用編……133

イロイロなファイルを読むから遅い……134
Windows「メモ帳」を画面に出そう……136
「ドラゴン」のデータを入力しましょう！……137
XYZ 座標 3 つで示す、頂点の座標……138
「ファイル操作」も怖くない!!……139
文字をあつかうプロ「Text」クラス……141
同じ変数に同じ変数の違う値の代入 OK……143
追放された「Goto」命令の復活……145
データの「終わり」は？　やはりフラグ……148
3DCG では 3 つで「ひとつ」……149
名探偵!?「500」の謎を解く……151
3 D の基本。アフィン変換と透視変換……153
難しい式もラクラク……155
数学の座標とパソコンの座標の違い……156
強制ループで「500」フラグを突破!!!……157
「キー操作」の「イベント発生!!!」……159
「キー」は"名前"で指定します……162
「割りこみ」を発生させる「Timer」……164
いちばんシンプルな 1 点透視法……165
ミッション 4 のプログラムです……168
おめでとうございます!!!　修了です……171
ソフトを他の機械で動かす方法……172

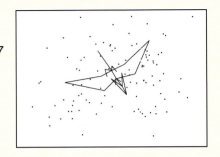

★ふろく★
大文字、小文字、記号、
日本語の入力方法……173
背景を「透過（透明）」
にする方法……174
「Small Basic」を
パソコンへセット!!!……175

本書であつかう絵は以下より GET できます
http://inazuma7.jp/sb/index.html

ミッション1
キビシ〜〜イ「先生」
プログラムを作ってみよう♪

このミッション（作戦）では、いきなり「先生」のごとくふるまうコンピュータ・ソフトを作ってみます。
ええ、コンピュータ・プログラミングは、動き方の手順を示す文章であり、ソフト（アプリ）を作るための言葉です。
これですべて「理解」するのではなく、プログラミングって「実はカンタンかも？？」と感じてもらえたら、大成功です！

「Small Basic」をセットしていない方は、最初に巻末の「セットアップの仕方」を行っておいてください。では……。
プログラミングの大海原へ突撃！　あなたはクリアできるか!?

Small Basicの出し方と空白&改行

Windowsの種類で表示内容は変わるよ 手順は同じ

左下のボタンをクリックしてメニューを出します。
うまくソフト名が表示されないときは、左上の「≡」ボタンをクリックしてみてください。

場合によっては、バーを上下に動かして、**「Microsoft Small Basic」**を探します。みつけたらクリックしてください。

起動中……！

8　ミッション1　キビシ〜〜イ「先生」プログラムを作ってみよう♪

カーソルが表示されて、**あなたの入力を待って**います。
この欄に手順や設定、命令を書いて（入力して）いきます。

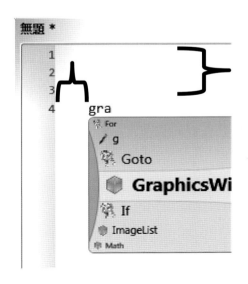

左側には**「行番号」**が表示。
改行すればどんどん増やせます。

**改行は自由にでき、ムシされます。
見やすいように改行**を入れたりしてください。

スペース（空白）も自由に作れて基本的にはムシされます。ですが機能名や名前などの**「途中」に入れたらダメ**です。
Gra✘phicsWindow

ウインドウを出してみましょう

動き方の指示には「コンピュータ専用」の言葉を使います。**外国の方に「英語」などを使う**のと同じです。

graとまで入力すると「この言葉？」と案内が出ます。正しかったら、エンターキー（かTabキー）を押します

すると残りの**長い部分は、入力しなくてすみます**。便利な機能です。

緑色で表示されています。
この **GraphicsWindow** という部分は**大まかな「見出し」**です。
次につづく設定や命令があります。
それを使うには「.」と入力します。

これだけじゃボク、なんのことかわからないよぉ〜

いっぱい出てきたわ。「説明」では「背景色を設定」ってあるけれど、まず**ウインドウの大きさを示したい**んだけど……

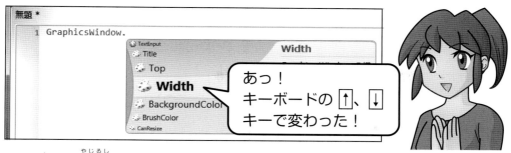

そうです。矢印キーで指示や命令などの表示は、変わっていきます。

「ウインドウの大きさを示したい」という目的です。なんの目的もなくプログラムは書けません。「したい！」との目的を考えて、見合った言葉や命令を組み合わせていく。

それがプログラミングです！

絵を描くウインドウ（の）横幅

こう書けました。ここからちょっと算数。何かと何かが「等しい」というときには「＝」を使いましたね。

同じく「＝」とし横幅を「800」としてみました。

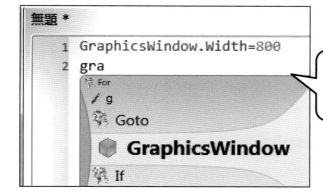

エンターキーを押せば次の行へ

２行目の入力、今度は「高さ」を示しましょう。またgraと入力して……。

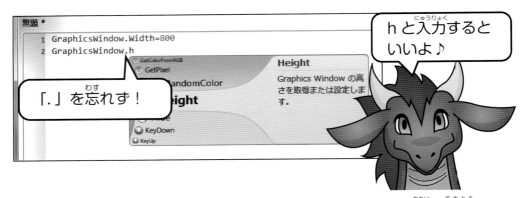

エンターキーを押して、「**Height**」(高さ)を出し、「**=600**」(値は適当です)と入力すれば、完成！
さっそく「横 **800** ピクセル(点)、高さ **600** ピクセル」のウインドウを表示する **「自作ソフト」** を動かしてみましょう。

右上にある青い ▷ をクリックです。これが入力したプログラムの **「実行」ボタン** です。さぁどうなりましたか？

もしものエラーとカラーの応用編

```
1  GraphicsWindow.Width=800
2  GraphicsWindow.Height=600
3  GraphicsWindow.BackgroundColor"white"
4
5
6
7
8
9
10
11
12
13
14
15
16
17
いくつかのエラーが発見されました...
3,31: 認識できないステートメントです。
```

間違った書き方だと「エラー」表示となります。

（背景の色を指定）

GraphicsWindow.BackgroundColor"white"　×

↓

GraphicsWindow.BackgroundColor="white"　○

おや？　「＝」が抜けています。行の番号といっしょにメッセージが……。

1つのミスでたくさんのエラーが出ることもあります。びっくりしないでください。

ボクに使う色を教えてね♪

「GraphicsWindow.」のあと、BackgroundColor で背景色、BrushColor で文字や塗る色、PenColor で線や図の枠の色、かぁ

● （応用編）色の設定で「イロイロ」使えます

色の設定は"white"（白）、"black"（黒）などとなっていますが数値も使えます。ウェブページでおなじみのやり方なら
　ＲＧＢの値で設定したい場合は以下のようにします（値は適当）。

=GraphicsWindow.GetColorFromRGB(50,150,200)

必須!! 表示方法のマスター

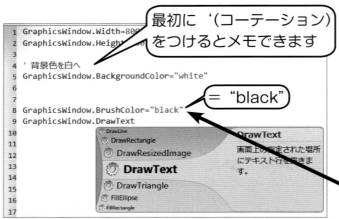

最初に '(コーテーション) をつけるとメモできます

= "black"

何か「目的」を実行させても結果表示ができません。
ウインドウへ文字を出してみましょう！
「GraphicsWindow.」を頭に付け、
「BrushColor＝」で文字色を、黒にします。

今度は命令です。「DrawText」命令を使い、文字を出させてみます。

DrawText(横の位置 , 縦の位置 , 表示させたいもの)

こうなります。とくに、文字を出す場合は" "（ダブルコーテーション）で文字をくくります。

```
7
8  GraphicsWindow.BrushColor="black"
9  GraphicsWindow.DrawText(400,300,"1+1=")
10
```

横 400、縦（高さ）300 の位置に「1＋1＝」と表示させてみます。
さて、「実行」させると？
1）1＋1＝ と出る　2）2 と出る

2、かな。あれ？
計算してくれないの？

14　ミッション1　キビシ〜〜イ「先生」プログラムを作ってみよう♪

""でくくると、文字の列としてしか、あつかわれません。
たとえばこんな「悪あがき」をしてみても……！

文字関連は＋で追加できます。
「kotae」と追加してみましたが。

勝手に作った「kotae」がナニかパソコンにわかってもらえていません。
kotae が指定されていないというのなら、指定してやればいいのです。

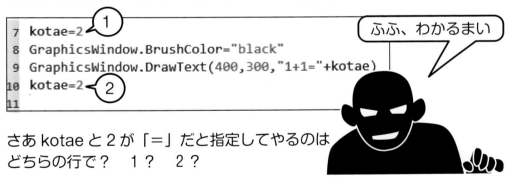

さあ kotae と 2 が「＝」だと指定してやるのはどちらの行で？　1？　2？

プログラム（指示書）は水の流れのように上から下へ実行されていきます。

当然、指示は先に書いてあるモノが先に実行されます。なので、答えは①となります。

1+1=2

数値やモノの「変わり」、変数と計算

基本的に "1＋1＝" やプログラムに直接書いた 800 や 600、
"white" などは固定されたモノなので「定数（ていすう）」と呼びます。
固定しているので変化させられません。

そこで「変数（へんすう）」の出番です。先ほどは kotae
という「箱」へ数値 2 を入れて（代入）したのです。
変数は命令などと同じ名前でなければ、

「自由に命名」できます。Abc＝123 など自由に作れます。

プログラムのどこかで
kotae＝10 とすれば、10 に
変化します。では……
kotae＝10
kotae＝kotae＋20
としたら
kotae の値は何？

コンピュータは
引き算「－」はそのまま「－」を使って、
かけ算「×」は「*」（アスタリスク）で、
割り算「÷」は「/」（スラッシュ）を使って
計算します。

kotae＝5 のとき kotae＝kotae*5 としたら値は？

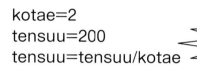

変数同士も普通に計算できるところが
ポイントです。

実際に試してみると、ごらんのとおりです。

```
1  GraphicsWindow.Width=800
2  GraphicsWindow.Height=600
3
4  ' 背景色を白へ
5  GraphicsWindow.BackgroundColor="white"
6
7  kotae=2
8  tensuu=200
9  tensuu=tensuu/kotae
10
11 GraphicsWindow.BrushColor="black"
12 GraphicsWindow.DrawText(400,300,"1+1="+kotae)
13
14 GraphicsWindow.DrawText(400,350,"点数:"+tensuu)
15
```

縦の位置を変え、
tensuu の表示を追加

文字を表示したとき、
DrawText 命令で " " (ダブルコーテーション) でくくりました。
変数に moji="文字です" とやれば、文字も代入できます。
ただ、数値の変数と文字の変数が**ゴチャゴチャ**にならないよう、
気をつけてください。
数値と文字の計算なんて、できません。

● (応用編) **複雑な計算には ( ) を使います。**
あとで出てきますが、Sin/Cos などを使った計算もできます。
それ以前に、計算式の書き方は算数とほぼ同じです。
たとえばかけ算より先に足し算を計算させたいときは?
そう、( ) の利用でした。
・(1+2)*3 　　・(2*(10+2))/5 　など ( ) の数にだけ気をつけて。
分数 $\frac{2}{3}$ × (4+5) なら (2/3)*(4+5) という具合に書きます。
※ 通分が必要なので「分数同士」の計算には工夫が必要です。

図形や線を描いてもらおう♪

描く前には下準備を行います。
楕円を描く命令です。長軸と短軸の値が同じだと円に。

DrawEllipse(横の位置 , 縦の位置 , 長軸 , 短軸)

```
x=380
y=270
GraphicsWindow.DrawEllipse(x,y,80,80)
```

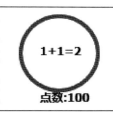

● (応用編) 描ける図形もイロイロ (FillLine はなし)
列挙します。□ DrawRectangle(左横 , 左上 , 右横 , 右下)
△ DrawTriangle(頂点横 , 頂点上 , 左横 , 左下 , 右横 , 右下)
／ DrawLine(横始点 , 縦始点 , 横終点 , 縦終点)　Draw を Fill にすると塗りつぶし。

極意!!!　「判定」のお話

ここまでプログラミングをやってみて気づいたことは？
そう、英語単語と通じています。コンピュータは外国生まれなので、
こうなりました。

そしてプログラムの半分は「これ」でできています!!!

というほど、よく使い、知らねば大損の命令があります。

```
If  a=0  Then
  a=100
Else
  a=-100
Endif
```

もし　変数 a が 0　ならば
　　　　変数 a に 100 を代入
違うなら
　　　　変数 a に -100 を代入
判定終わり

どうですか？　なんとなく意味がわかりますね。

プログラムは変数以外にもいろいろ判定させて、
命令や設定、表示などが実行される**分かれ道を
たくさん作って動いて**います。

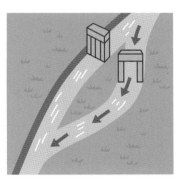

ただの**1本の流れではない**のです。
この「If」（いふ）命令は、他の場面でも
いっぱいでてきます。

丸を描きます

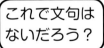
これで文句は
ないだろう？

```
22  If kotae=2 Then
23    GraphicsWindow.DrawEllipse(x,y,80,80)
24  Else
25    GraphicsWindow.DrawLine(x,y,x1,y1)
26    GraphicsWindow.DrawLine(x+80,y,x1-80,y1)
27  EndIf
```

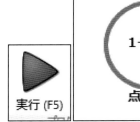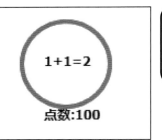

「実行」させれば、ごらんのとおり。
分かれた流れの「ひとつ」が選ばれて、丸が描かれました。

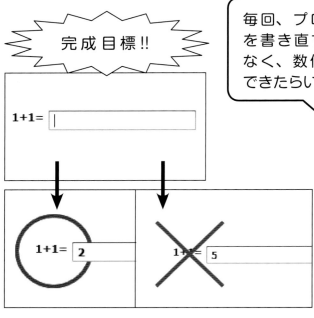

毎回、プログラムを書き直すのじゃなく、数値を入力できたらいいわね

入力欄に入力された値で、「判定」してもらおうとしています。
まず、「入力欄（テキストボックス）」の画面への追加ですが……！

これでＯＫ？

Controls という機能群のなかに AddTextBox（横位置 , 縦位置）って命令があるよ♪

`Controls.AddTextBox(440,300)`

いえ、いくつかテキストボックスを出したとき、**どのテキストボックスかわからなく**なります。
なので「変数（名前は適当）」で管理します。

`in=Controls.AddTextBox(440,300)`

変数　機能（見出し）　命令　横、縦の位置

テキストボックス自由自在

今度はテキストボックスに入力された値を
ＧＥＴ（取り入れる）する番です。
これも Controles 機能の命令を使います。

Controls.GetTextBoxText(in)

in というテキストボックスを作った場合は
え？　どうやって必要な命令を探しているかですって？　簡単。

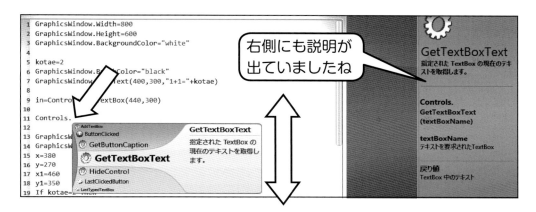

右側にも説明が出ていましたね

機能のあとに「．」（ピリオド）を入れ、出てきた案内をキーボードの矢印キーでくるくる動かし、それらしいものを探しているのです。
他のプログラミング用言語では現状、案内はほぼなく「ある程度」の暗記が必要になります。難しいと感じる原因のひとつです。

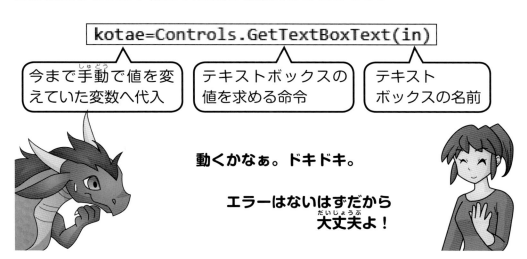

kotae=Controls.GetTextBoxText(in)

- 今まで手動で値を変えていた変数へ代入
- テキストボックスの値を求める命令
- テキストボックスの名前

動くかなぁ。ドキドキ。

エラーはないはずだから
大丈夫よ！

プログラミングは完成したカタチ（ソフト・アプリ）を**想像しながら、コツコツそれに近づけるよう**に、「ソースコード」を書いていきます。**「ソースコード」**、ええ、機能やら変数やら書いているプログラムをこう呼びます。ではちょっとソースコードを整理して、追加しながら、いらないものは消してしまいましょう。

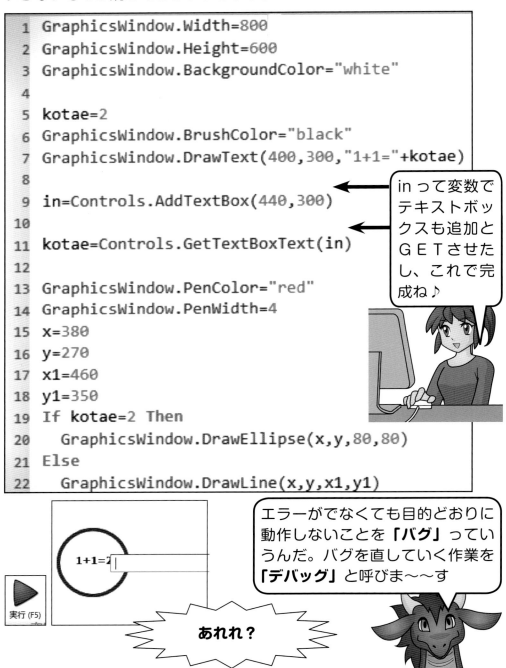

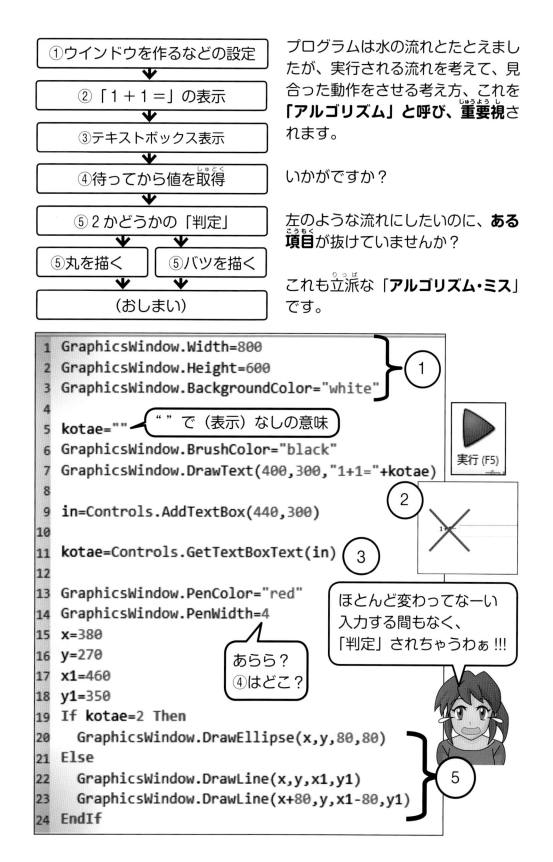

機械とミリセカンドの待ち合わせ

基本的に書かれたソースコードは、どんどん実行されていきます。
それはそれでいいんですが、動き（作業）スピードが速すぎる、
いや、ちょっとだけ待たせたいというときも出てきます。

これは、プログラムに「**ウエイト (Wait) を入れる**」
とかっこよくいいます。そして
そんな命令も用意されています。

さぁ、最初から最後まで突っ走る

暴走をとめろ!!!

`Program.Delay(10000)`

機能 Program の Delay（ディレイ・ゆっくり）命令です。数値はミリセカンドで指定します。1000 分の 1 秒単位で指定でき、1000 なら 1 秒、10000 なら 10 秒、プログラムの実行を遅らせます（とめます）。

```
 4
 5  kotae=""
 6  GraphicsWindow.BrushColor="black"
 7  GraphicsWindow.DrawText(400,300,"1+1="+kotae)
 8
 9  in=Controls.AddTextBox(440,300)
10
11  kotae=Controls.GetTextBoxText(in)
12
```

①
②
③

では問題です。1、2、3のどこに「ウエイト」を
入れればいいでしょう？
10秒間、入力を待たせるのです。

ソースコードのどこにどのような設定や指示を書くのか？

人それぞれですが基本的に、コツさえつかんでおけば、あとは見た目が汚い（ごちゃごちゃ）なソースコード、逆に教科書のように洗練されたものなど、「プログラマーの腕」次第となります。

たとえば 1+2+3+…100 の値を求めたいとき、単純に 1+2+3+…+100 と、**ひたすら書く人も**いるでしょう。足し算 100 回。

しかし**ガウスの方法（アルゴリズム）を知っていると** 100*101/2 として一発で求められます。当然、**「機械の負担も少なく」**なります。

それくらい書き方、書く位置、アルゴリズムは重要なのです。

```
 9  in=Controls.AddTextBox(440,300)
10  Program.Delay(10000)      ②
11  kotae=Controls.GetTextBoxText(in)
```

あたしも！
答えは 2 ね。

1 だとテキストボックスも何も表示される前に「待った」がかかっちゃう。

3 だと「待った」が遅すぎて、もう kotae の値を取得しちゃってるから。
入力するまで値の取得を待たせないといけないわ。

では試してみましょう!!! をどうぞ。

バツをいっぱいつけられてしまいました。
さてこの先生はバツを描くプログラムを7個、「繰り返し」書いたのでしょうか？　ダラダラダラと。
めんどうなので、プログラミングではそんなことしません。

ループ命令でステップ、らんらんらん♪

大丈夫。
こんな命令があったよ。

1歩前進ね♪

For 変数＝値1 To 値2
（ソースコード）
EndFor
変数の値1が値2を超えるまで、
EndForの間をループします

お試し用にもうひとつ入力欄を作りましょう。
左上の**「新規」**の絵をクリックしてください。

新しい入力欄が出ます。

```
1 GraphicsWindow.BrushColor="black"
2 For d=0 To 30
3     GraphicsWindow.DrawText(10,d*10,"d="+d)
4 EndFor
```

文字の色

グラフィックウインドウへ値を入力します

文字を書く命令でした

横10,縦d×10の位置にdの値を

さぁ、どんな結果になると思いますか？
ソースコードを見て、結果を予想するのもプログラミング上達の秘訣です。
結果を予想するとしたら……？

① d=0 と d=30 と表示される

② d=0 から 30 まで横に10ごとに並んで表示される

③ d=0 から 30 まで縦に10ごとに並んで表示される

ミッション1

29

```
d=0
d=1
d=2
d=3
d=4
d=5
d=6
d=7
d=8
d=9
d=10
d=11
d=12
d=13
d=14
d=15
d=16
d=17
d=18
d=19
d=20
d=21
d=22
d=23
d=24
d=25
d=26
d=27
d=28
d=29
d=30
```

答えは③でした。左のようになります。**For**と**EndFor**の間の**DrawText**が「繰り返し」実行されています。

```
GraphicsWindow.DrawText(10, 0,"d=0")
GraphicsWindow.DrawText(10,10,"d=1")
GraphicsWindow.DrawText(10,20,"d=2")
GraphicsWindow.DrawText(10,30,"d=3")
GraphicsWindow.DrawText(10,40,"d=4")
GraphicsWindow.DrawText(10,50,"d=5")
```

本当なら上のように**ズラズラ**と命令を書かねばなりませんでした。ループ命令を使えば「繰り返す」動きを**何度も書かなくてすみます**。で、右側の実行結果は？

```
d=0

d=5

d=10

d=15

d=20

d=25

d=30
```

Step値って書くと、値ごとに変数の値が足されていくんだよ

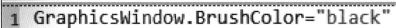

```
1  GraphicsWindow.BrushColor="black"
2  For d=0 To 30 Step 5
3     GraphicsWindow.DrawText(10,d*10,"d="+d)
4  EndFor
```

バツは7個ありました。
おそらく7回「繰り返し」をさせています。
そして描く位置を100ピクセルずつ動かしているのかもしれません。

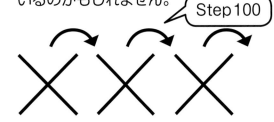

変数の値、-300 から 300 まで、**Step 100　つまり 100 ずつ足していき、変数の値が 300 になるまで「繰り返させて」**います。

本来ループ用の変数 d ですが、**-300,-200,-100,0,100,200,300 と値が変わっていく**ので、バツを描くときの位置へ足しています。矢印の部分です。

巧妙な……ではなく、ループ命令の一般的な使い方です。こうすれば、位置の値を変えて、バツを 7 個分、書く必要がなくなります。

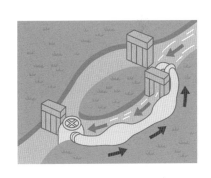

ちょうど「流れ」をポンプで、**条件が満たされるまで上へ戻すようなイメージ**でしょうか。

これがループ命令です !!!

「メチャクチャ」＝ランダム命令を

今度はコレ使う？

Math.GetRandomNumber(最大値)
0から最大値までのメチャクチャな値を出します。
GraphicsWindow.GetRandomColor( )
メチャクチャ（バラバラな）色を出します

機能群の「Math」には、GetRandomNumber という命令がふくまれています。**最大値を 100 とすれば、0 から 100 までメチャクチャ（不規則）な数値**を出してくれます。

```
GraphicsWindow.PenColor=GraphicsWindow.GetRandomColor()
```

こんなふうに色の指定で使ってやれば、適当な色が設定されるのね。
「正解」のとき、カラフルな丸を画面に100個、描きたい！

おっと、完成予想こと目的が決まりました。
あとはどんな「アルゴリズム」にするか、です。
①～⑤を、丸を描くソースコードにどう追加しましょう？

① For i=0 To 100
② EndFor
③ x=Math.GetRandomNumber(600)
④ y=Math.GetRandomNumber(600)
⑤ GraphicsWindow.PenColor＝GraphicsWindow.GetRandomColor()

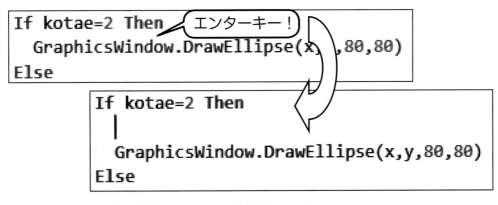

エンターキーを押せば、スペースは作れましたね。
プログラムはスペースを作って命令や設定などを**追加したり、逆に消してしまったり、悩みながら完成**させていきます。

適当な色を決めて、適当な横、縦の位置を出し、
ループ命令で100回繰り返させました。
では実行あるのみ。
**プログラム（ソフト・アプリ）とは実行と修正を
何度も何度も行ってカタチに**していきます。

ボクのプログラムをよ〜く見て！
ループ命令では①と②の間を繰り返し実行するよ。

でも色を適当に変える命令と、円を描く命令が**ループの外側に書かれてる**。
これじゃ、100回の繰り返しにはならなくて、**1回実行されたら終わりだよ〜〜**。

これも立派なアルゴリズムミス!!!

エラーは出ないけれど思ったとおりに動かない、いちばんイライラするプログラミング・ミスです。さぁ「デバッグ」を！

```
If kotae=2 Then
①→For i=0 To 100
⑤    GraphicsWindow.PenColor=GraphicsWindow.GetRandomColor()
     x=Math.GetRandomNumber(600)
③,④  y=Math.GetRandomNumber(600)
     GraphicsWindow.DrawEllipse(x,y,80,80)
②→EndFor
Else
```

必要な命令や設定は、すべて①と②の間へ、ついでに円を描く命令も、コピー＆ペーストでふくめました。

ド、ドキドキ!!!
実行をクリックね

34　ミッション1　キビシ〜〜イ「先生」プログラムを作ってみよう♪

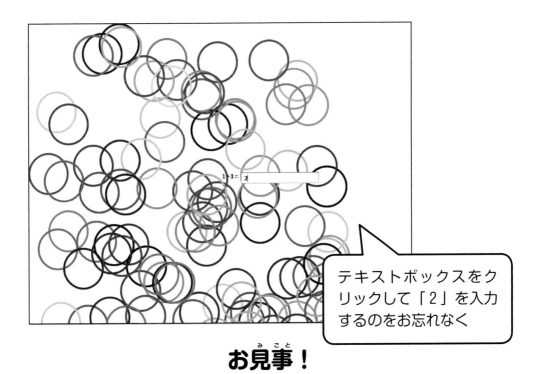

テキストボックスをクリックして「2」を入力するのをお忘れなく

お見事！

カラフルな丸が右端にないのは、ウインドウの大きさが横800なのに、Math.GetRandomNumber(600)と、最大値が600になっているからです。800にする……。

こんな細かな仕上げもソフト・アプリ制作には必要になってきます。

プログラムを「保存」し終了する方法

保存したい**「ソースコード」**を表示させた状態で**「名前を付けて保存」をクリック**します。

ここで「最初に1回」だけ「Small Basic」というフォルダを作っておきましょう。

表示されていたら左端の「ドキュメント(Documents)」をクリック後、一覧が出る場所で、**マウスの「右」ボタンをクリック**してください。

メニューの**「新規作成」「フォルダ」とクリック**します。
「small basic」と名前にしてください。
今後、ここを使っていきます。

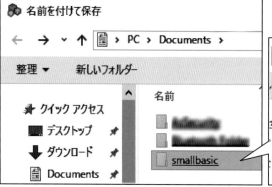

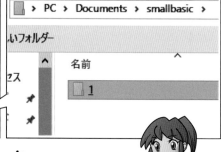

「small basic」フォルダをダブルクリックして、**その中にプログラム保存用のフォルダを作っていく**ことになります。
先ほどと同じようにフォルダを作り、
そのフォルダをダブルクリックしましょう。
空白ですね。

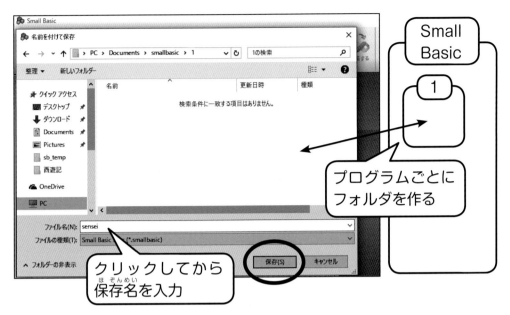

「1」という名前のフォルダを作り、ダブルクリックで開きました。
（1つのプログラムに1つのフォルダ♪）
下のファイル名の欄に、保存する名前たとえば「sensei」とでも入力しましょうか。

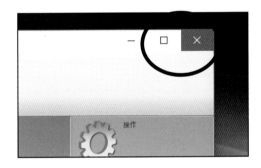

入力したら、右下の**「保存」をクリック**です。

Small Basic そのものを終了させるときは、**ウインドウ右上の×をクリック**してください。

「プログラムが動作して、おもしろかったですか？」

自分の指示したとおりに、機械を、パソコンを、コントロールできて少しでも「おもしろい」と感じたら、プログラミングのセンスが眠っているかもしれません。

めんどくさいのは当然です。ですがプログラムが動いたときに、なんだかうれしいなぁとなること、**これ重要**です。スゴイ能力を持った機械を文字でコントロールできるんですよ？

「**快・感♥**」とはならなくとも、スゴイなぁ程度でも思いながらプログラミングを体験していくと**「理解度」**が違ってきます。

「まだよくわからない……」
それでOK。まずは**ゼロからのスタート**で、**雰囲気**を体験しただけですから。少しずつ慣れていきましょう。

ミッション1で作ったプログラム全体です。

```
1  GraphicsWindow.Width=800
2  GraphicsWindow.Height=600
3  GraphicsWindow.BackgroundColor="white"
4
5  kotae=""
6  GraphicsWindow.BrushColor="black"
7  GraphicsWindow.DrawText(400,300,"1+1="+kotae)
8
9  in=Controls.AddTextBox(440,300)
10 Program.Delay(10000)
11 kotae=Controls.GetTextBoxText(in)
12
13 GraphicsWindow.PenColor="red"
14 GraphicsWindow.PenWidth=4
15 x=380
16 y=270
17 x1=460
18 y1=350
19 If kotae=2 Then
20   For i=0 To 100
21     GraphicsWindow.PenColor=GraphicsWindow.GetRandomColor()
22     x=Math.GetRandomNumber(600)
23     y=Math.GetRandomNumber(600)
24     GraphicsWindow.DrawEllipse(x,y,80,80)
25   EndFor
26 Else
27   For d=-300 To 300 Step 100
28     GraphicsWindow.DrawLine(x+d,y,x1+d,y1)
29     GraphicsWindow.DrawLine(x+80+d,y,x1-80+d,y1)
30   EndFor
31 EndIf
```

ミッション1

★変数の名前は筆者の思いつきです。最初に数値がくる77hensuのような名前と「日本語」は使えません。

★数値も見栄えのいい値を選んでいます。値に意味はありません。

★同じ動作をするプログラムでも、ソースコードの書き方は人それぞれで変わってきます。わかりやすく「美しい」ソースコードは業務の現場では、あまり求められません。動けばOKと気楽に♪

39

用語の真実。実は「ユーザー」は誤り！
～研究者はヒゲを伸ばしても語尾は伸ばさない

「ユーザー（使用者）名を入力してください」
よく見る表示ですが……大きな間違い！

正式には「ユーザ」と「ー」が不要なのです。その他「プリンター」も「プリンタ」、「データー」も「データ」と研究者や"通"は「ー」と、伸ばした表記をさけます。

学術研究誌でも伸ばさない約束があります。ですが、利用具合を見ると「ユーザー」の表記が圧倒的です。「メモリー」も「メモリ」なんです。

現状は「ユーザ」が正式ですが、近く「ー」有りに変わるカモ？

しかし、「ー」なしには隠れた効能があります。
語尾を伸ばさないと、単語がリンとした響きとなり、**「いかにも達人の発言っぽくなる」**のです。
機会があれば（？）お試しください。

ミッション2
超リアルにウネウネする「龍」と遊ぶプログラムのお話

　今回のミッション（作戦）では、間違えるとヒドイことになるものばかりです。しかしひと言。
　「龍」が生々しく飛翔するプログラミングであれこれやって、もっともっとソフトやアプリ制作の「体験」をしていきます。
　突然、「数学」まで割りこんできますが、びっくりしないで。ここは「習うより慣れろ」の言葉にしたがいましょう。

　Windowsの絵を描く機能なども使いますが大丈夫。さらに「Small Basic」の最大のウリと言っていいスペシャル機能を使います。
昔のゲームセンターばりの機能を、あなたは使いこなせるか——？

「ペイント」でお絵描きしながら…

今回は「**絵（画像）**」を使うの？
ヘタでも描いてみよう

そうだよ。「ながら」作業にも挑戦するんだよ♪

左下のボタンをクリックしてメニューを出します（うまく出ないときは左上の「≡」ボタンをクリック）。
「すべてのプログラム」、バーを下げていき、メニューの「Windows アクセサリ」や「アクセサリ」をクリックです。

さらにメニューが出るので、その中の「ペイント」をクリックすれば、付属のお絵描きソフトが画面に出てきます。

42　ミッション2　超リアルにウネウネする「龍」と遊ぶプログラムのお話

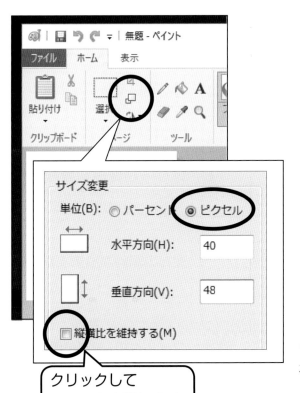

「ペイント」では**絵（画像）の大きさを指定**しましょう。

キャラクターですからそんなに大きくないですね。

「サイズ変更」部分をクリックし、左下の「縦横比…」をクリックし変更。

上では「ピクセル」をクリックし、水平方向「40」、垂直方向「48」程度にしましょうか？

最後に**「OK」**、**「表示」とクリック**し、拡大表示。**「ホーム」**をクリックして……どうぞ♪

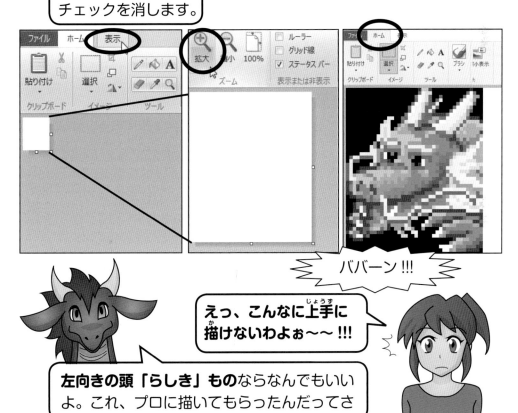

ババーン!!!

えっ、こんなに上手に描けないわよぉ〜〜!!!

左向きの頭「らしき」ものならなんでもいいよ。これ、プロに描いてもらったんだってさ

「保存」と「フォルダ」とパス(Path)

絵が描けたら、左上（ファイル）、「名前を付けて保存」**「PNG画像」とクリック。**

PNG画像は背景を透明（透過）にできるので便利なのです。

保存の画面が出ますが、

待った！

フォルダの「現在位置」は？

「1」ならまず、「amall basic」のフォルダに**戻る必要**があります。
「1つ戻る」ボタンを押します。

名前が出ている場合は直接、移動できます。「small basic」をクリック♪

「small basic」のフォルダに戻ったら、改めて**「右」クリック**で**「2」フォルダ**でも作りましょうか。
(フォルダは1回だけ作ればOKです)

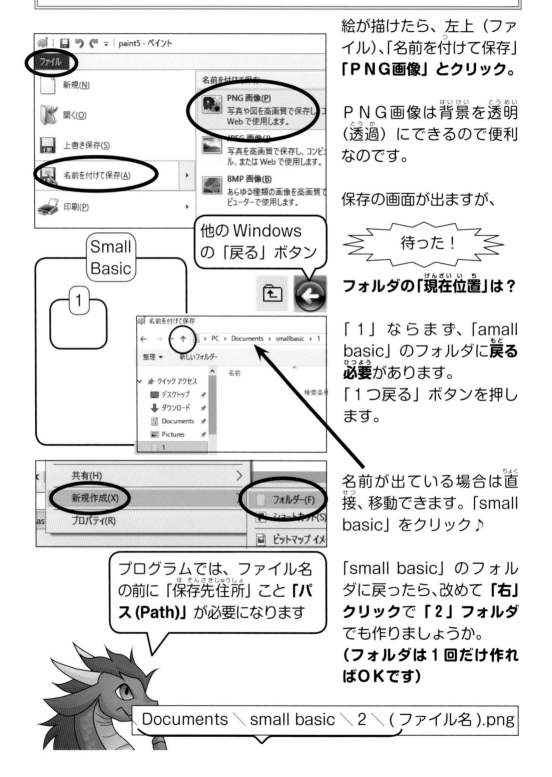

プログラムでは、ファイル名の前に「保存先住所」こと**「パス(Path)」**が必要になります

Documents ＼ small basic ＼ 2 ＼ (ファイル名).png

44　ミッション2　超リアルにウネウネする「龍」と遊ぶプログラムのお話

「..\」はあのボタンと同じ意味だった！

絵を描いていると時間の経つのも忘れてしまいますね。
うまくても、へたでも、**「atama」、「karada」、「sippo」の3つは描いて**ください。
ちょっと並べてみると、もうなんとなく**「龍」**に見えてきませんか？

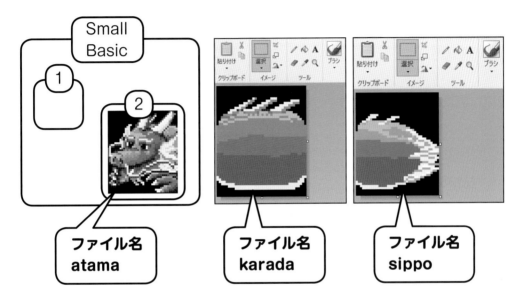

プログラムで画像などファイルをあつかうときは、さきほどの「パス」を**きっちり指定**して、さらにファイル名「atama.png」などと書きます。
末尾は普段表示されていません。
これもきっちり書く必要があります。

このとき、パスにあるフォルダより
「1つ戻る」ときは、ファイル名の前に
「..\」をつけてやります。
戻るボタンと同じ意味になります。

このお話はまたあとで……！
「Small Basic」を出してください

うねりは「Math」クラスの三角関数で

「Small Basic」が出せました。
複数のウインドウ（ソフト）を切りかえ「ながら」作業できるのでWindows。

作業したいときは、**必要なウインドウ**の見えている部分をクリックするか、下のバーのボタンをクリックします。

これで手前に表示されます。

さて、龍のうねり。なにかに似ていると思いませんか？

数学のSin（サイン）カーブ！

これは角度を0〜360度、与えてやると**「うねるような」値を返してくるモノ（関数）**です。

一定の角度ごとにSinで値を求め、それを横縦の位置に使えば、まさしく「龍!?」。

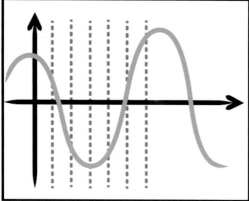

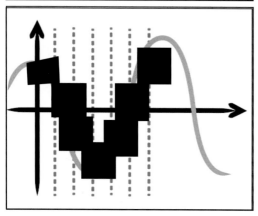

46　ミッション2　超リアルにウネウネする「龍」と遊ぶプログラムのお話

Sinなど**「数学専門の関数類」**は機能**「Math」**（マス）にまとめられています。機能のことは**専門的には「クラス」**と呼びます。

y=Math.Sin(0)　これで0度のときの動きを求められそうですが、( )の中は「ラジアン」という単位です。単純に、x度＝x*3.14/180　で変換できます。
Sinの値は -1 から +1 までの**「小さな振れ幅」**なので、一般に100倍くらい大きくして使います。

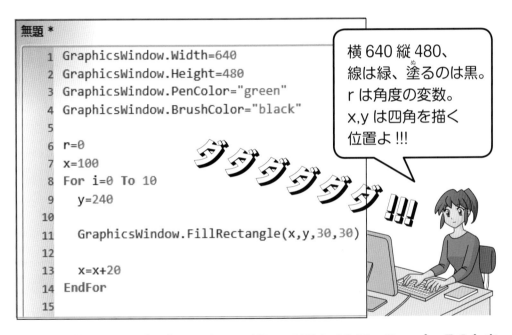

```
 1  GraphicsWindow.Width=640
 2  GraphicsWindow.Height=480
 3  GraphicsWindow.PenColor="green"
 4  GraphicsWindow.BrushColor="black"
 5
 6  r=0
 7  x=100
 8  For i=0 To 10
 9    y=240
10
11    GraphicsWindow.FillRectangle(x,y,30,30)
12
13    x=x+20
14  EndFor
15
```

横640縦480、線は緑、塗るのは黒。rは角度の変数。x,yは四角を描く位置よ!!!

さらに縦横30の四角がForとEndForの間を10回、ループ。そのときxの位置は1ループごとに＋20足し算してるの。バッチリ？

いやいやいや！
肝心のSin使ってないから、うねらないで、ただの棒状態だよぉ

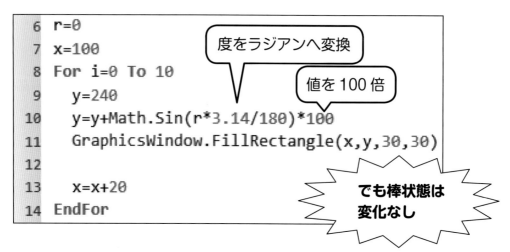

そう、Sinは「角度」を変えていかないと戻される数値に変化はありません。
でしたら、右にいくにつれてSinの角度を……!?

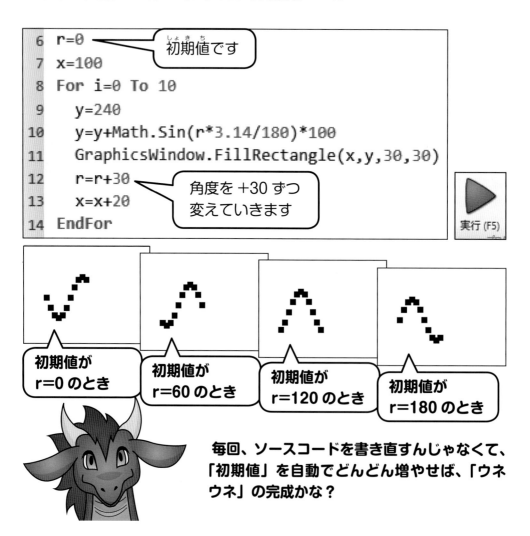

毎回、ソースコードを書き直すんじゃなくて、「初期値」を自動でどんどん増やせば、「ウネウネ」の完成かな？

第二のループ命令、whileでウネウネ

「ホワイル」命令です。

While (条件)
　（ソースコード）
EndWhile

（条件）が満たされるまで、WhileとEndWhileの間をループ。

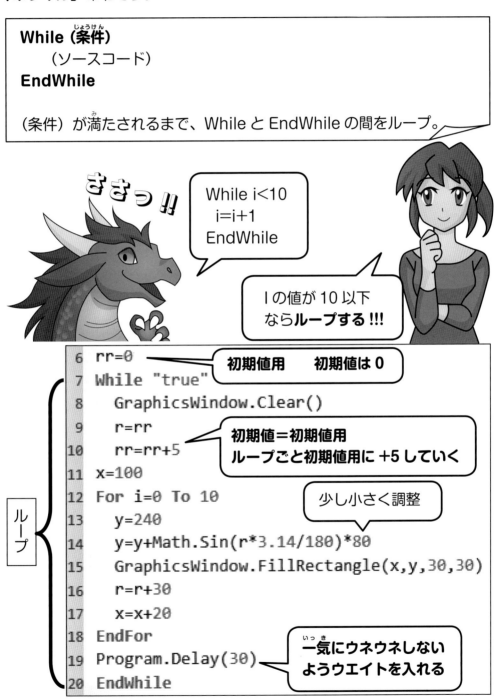

While i<10
　i=i+1
EndWhile

Iの値が10以下ならループする!!!

```
 6   rr=0                    初期値用　　初期値は0
 7   While "true"
 8      GraphicsWindow.Clear()
 9      r=rr                  初期値＝初期値用
10      rr=rr+5               ループごと初期値用に＋5していく
11   x=100
12   For i=0 To 10            少し小さく調整
13      y=240
14      y=y+Math.Sin(r*3.14/180)*80
15      GraphicsWindow.FillRectangle(x,y,30,30)
16      r=r+30
17      x=x+20
18   EndFor
19   Program.Delay(30)        一気にウネウネしないようウエイトを入れる
20   EndWhile
```

ループ

矢印の部分はなんでしょう？
条件 "ture" は正という意味。ペアとして "false" があり偽という意味。"ture" で**「条件」を満たす**、となります。なので、**While、EndWhile** の間をずっとループしつづけます。

> 基本的にソフトやアプリは、このようにずっとループすることで**「実行」しつづけた状態**でいます。通称「無限ループ」。

画面の内容を消すのは、
　GraphicsWindow.Clear( )　　グラフィックウインドウ．消す
です。
では問題。これを **Whike** のあと？ **For** のあと、どちらの「繰り返し」の中に書きますか？

> **（応用編）とくにゲームでは、裏画面を使っています**
> 本来なら「裏画面」（隠し画面）でこっそり「消す」、「描く」、できたら表示としています。そうしないとチラツキが出るからです。
> ただ、Small Basic は動作が速いので、あまり気になりません。

書けば書くほど「職人」に慣れるゾ！

```
 6  rr=0
 7  While "true"
 8    GraphicsWindow.Clear()
 9    r=rr
10    rr=rr+5
11  x=100
12  For i=0 To 10
13    y=240
14    y=y+Math.Sin(r*3.14/180)*80
15    GraphicsWindow.FillRectangle(x,y,30,30)
16    r=r+30
17    x=x+20
18  EndFor
19  Program.Delay(30)
20  EndWhile
```

正解はここ。 Forのあとだと、体「■」をひとつ描くたびに消してしまいます。

ウネル幅

実行すると？

実行(F5)

龍へのコダワリが足りん

そうね……！龍なら頭の方はあまりウネらない。**Forのループの後ろにいくにしたがって、ウネリ方が大きく**なるんだと思う。……ならば。

```
For i=0 To 10
  y=240
  y=y+Math.Sin(r*3.14/180)*(i*8)
  GraphicsWindow.FillRectangle(x,y,30,30)
  r=r+30
  x=x+20
EndFor
```

幅が 0*8 1*8 1*8 … 10*8 と、**だんだん大きくなっていく**ようにしてみました

「実行」させると、ごらんのとおりです。**ウネリ方がリアル**になりました。ちょっとした工夫で**スゴクできる**のがプログラミング。これはソースコードを書きなれていけば、**「ひらめく」**ようになります。

と、ここまではOKです。

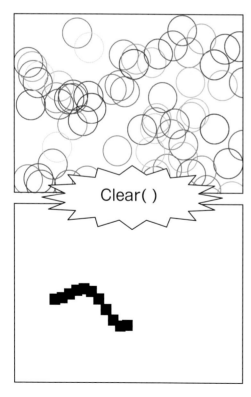

しかしたとえば**「背景」を描かせて**、その手前で「龍」をウネらせたい場合は？

「消して」、「描いて」、「消して」とやっているので、背景を描かせても、**すぐに「消されて」、龍だけになって**しまいます。

じゃここから、大ワザ2つを体験しよう!!!

「保存」したプログラムを呼びだす方法

その前に！

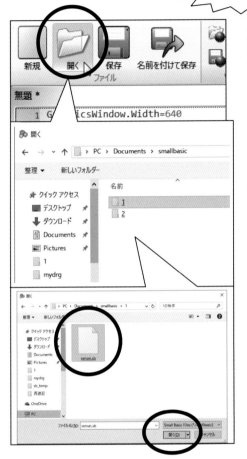

大ワザの前の下準備です。
先ほど保存したプログラムを呼びだしてみましょう。
（※心配な方は今のプログラムを「2」フォルダ内へ「ryuu」と保存しておいてください）。

上部の**「開く」をクリック**します。

メニューの「1」部分をクリックしたり、「1つ戻る」ボタンをクリックしたりします。

そして「1」フォルダ内の「sensei」をクリックします。

反応がないときは、右下の**「開く」をクリック**。

大丈夫!!!

今、**作っているソースコードは消えません**。追加表示されます。

使い回しはOK！

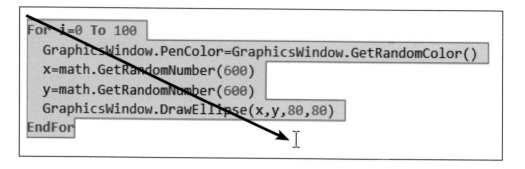

では、「sensei」のソースコードの一部を「使い回し」しましょう。
文字の編集の仕方は他のソフトと同じです。

まず、**「左」ボタンを押しながらマウスを動かし、使いたい部分を「選択」**していきます。

次に、選択した所の上で**「右」クリック**、メニューが出るので**「コピー」とクリック**します。

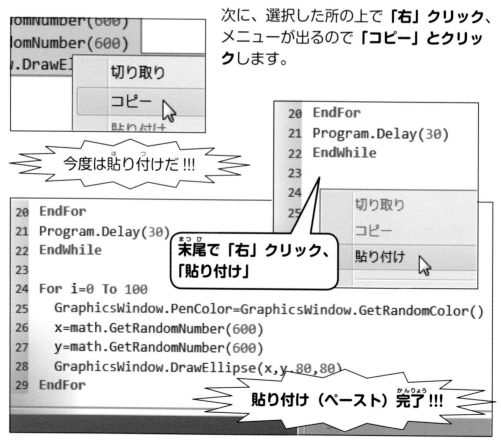

大ワザ「サブルーチン」、デビュー!!!

「オブジェクト指向」という主流の考え方の最初の1歩です。

これは、メインの「流れ」の他に、**別の「流れ」(サブルーチン)を作る**というもの。

とくによく使うソースコードを「別の流れ」としておけば、**見やすく、何度でも実行させられ、管理しやすくなる**と、オイシイ!

ありがとう。
名前は「haikei」にしてくくってみるわ

Sub（名前）
（ソースコード）
EndSub

```
Sub haikei          ← 追加
For i=0 To 100
  GraphicsWindow.PenColor=GraphicsWindow.GetRandomColor()
  x=math.GetRandomNumber(600)
  y=math.GetRandomNumber(600)
  GraphicsWindow.DrawEllipse(x,y,80,80)
EndFor
EndSub              ← 追加
```

ミッション2

さっそく「実行」しましたが、
なにも起きません。

だってボクのサブルーチン、
呼びだされてないもんね。

```
1  GraphicsWindow.Width=640
2  GraphicsWindow.Height=480
3  GraphicsWindow.PenColor="green"
4  GraphicsWindow.BrushColor="black"
5
6  haikei()
7
8  rr=180
9  While "true"
10     GraphicsWindow.Clear()
```

名前に ( ) をつけて呼びだします。
サブルーチンへジャンプし、EndSub となったら戻ってきます

↑**なんでも消しちゃうジャマ者な命令。完了!!!**

「実行」すると**一瞬だけ、カラフルな円（背景）が表示**されますが、すぐに Clear( ) で消されます。
でも「龍」を動かすには、他に手がない!?

大丈夫。実は「ファミコン」、「MSX」、「X68000」との名を知っていても、知らなくても超便利な「あの機能」が使えるんだよ

その名は Shapes（シェープ）

56　ミッション2　超リアルにウネウネする「龍」と遊ぶプログラムのお話

大ワザ「Shapes」と配列変数でキマリ

クラス「Shapes」にいろいろな命令が用意されています。

設定したモノの**表示から移動、回転拡大縮小**を**「跡を残さずに」**できるのです。あらら、そうです！
モノが自分自身の部分だけ**「消して」「描いて」「消して」「描いて」**と**自動的**にやってくれるのです。

```
Shapes にある一部命令
Move…指定位置に表示（移動）
Rotate…指定角度へ回転
Zoom…拡大縮小
Add（～）…図形や絵を定義
コントロール用の変数が必要
```

龍の長さは■が0～10個だったから11個、Addしないとね。

変数名にある
[i] はなんだろう？

```
haikei()


For i=0 to 10
ryuu[i]=Shapes.AddRectangle(30,30)
EndFor



rr=180
While "true"
```

当然、何度も定義する必要はないので、While "ture" の前で四角形の定義です。**命令が戻してくる値など「戻り値」**（もどりち）は変数で受けています。そう、11個の連続した「箱」、配列変数で!!!

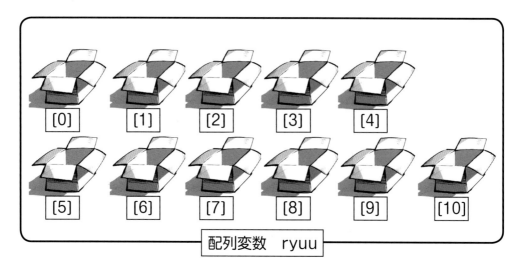

配列変数　ryuu

配列（はいれつ）変数は**関連性のあるモノ**を、マンションのように**あつかう変数**です。
ryuu というマンションなら [ ] をつけて**部屋番号を指定**します。
するとそこにある**モノに出し入れ（アクセス）できる**というもの。

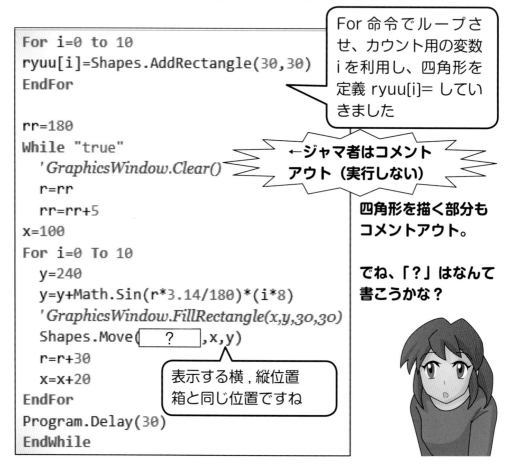

```
For i=0 to 10
ryuu[i]=Shapes.AddRectangle(30,30)
EndFor


rr=180
While "true"
  'GraphicsWindow.Clear()
  r=rr
  rr=rr+5
x=100
For i=0 To 10
  y=240
  y=y+Math.Sin(r*3.14/180)*(i*8)
  'GraphicsWindow.FillRectangle(x,y,30,30)
  Shapes.Move(   ?   ,x,y)
  r=r+30
  x=x+20
EndFor
Program.Delay(30)
EndWhile
```

For 命令でループさせ、カウント用の変数 i を利用し、四角形を定義 ryuu[i]= していきました

←ジャマ者はコメントアウト（実行しない）

四角形を描く部分もコメントアウト。

でね、「？」はなんて書こうかな？

表示する横, 縦位置
箱と同じ位置ですね

| ? | は **For** と **EndFor** の間です。**カウント用の変数は i を使っ**ています。
ここでは Shapes の Move 命令で、定義された配列変数 **ryuu[0]** ～ **ryuu[10] まで表示**させたい!!

「背景」はそのままに、「龍」がウネウネ動いています。
また1歩、「龍」へ近づきました。
おっ！ ここまでできたら「絵（画像）」をウネウネさせたい？

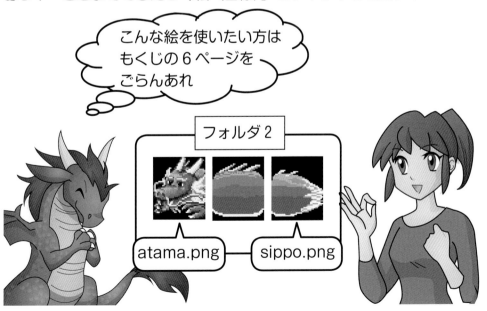

「File.」にはファイルをあつかうイロイロ

★プログラムを「保存」しておいてください。

をクリックすれば
「上書き」保存できます。
基本的に「ファイルをいじる」=「ハードディスクやSSDなど記憶媒体をいじる」なので、慎重にいきます。

「上書き」確認には「はい」

ファイルをあつかうには**「正確な場所」の指定が必要**でした。
絵とこのプログラムは同じ「2」フォルダに保存しているので、そこまでの正確な場所をGetします。

| File.GetSettingsFilePath( ) | File. プログラムの保存場所を戻す |

「File」クラスの命令が使えそうです。しかし余計な記述がくっついています。

`C:\Users\▓▓▓▓▓\Documents\smallBasic\2\ryuu.settings`

思い出してください!!!
「..\」

まず**Path**変数へ代入して……

「1つ前」のフォルダにする記述がありました。
これを使います。
キーボードの「¥」ボタンを押せば、自動的に「\」になります。

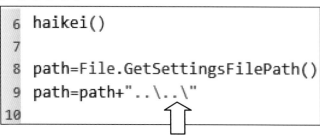

```
 6  haikei()
 7
 8  path=File.GetSettingsFilePath()
 9  path=path+"..\..\"
10
```

文字は" "(ダブルコーテーション)でくくります。"..\"をpathの内容へ「+」で追加しました。

画像の定義。先に定義したものほど後ろへ

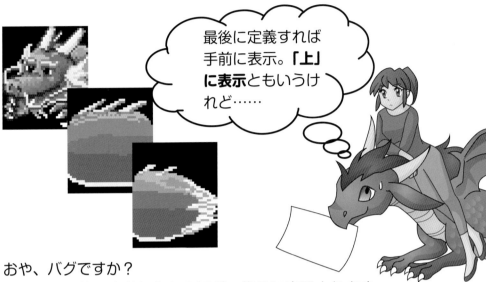

最後に定義すれば手前に表示。**「上」に表示**ともいうけれど……

おや、バグですか？
Shapes は先に定義したものほど、後ろに表示されます。
もちろん「背景」がいちばん、後ろですね。
なので、「背景」>「sippo」>「karada」(9〜1)>「atama」の順に定義していきましょう。

定義は **AddImage(パスをふくめたファイル名)** で行います。

```
 6   haikei()              後ろに背景を表示
 7
 8   path=File.GetSettingsFilePath()
 9   path=path+"..\..\"
10
11   ryuu[10]=Shapes.AddImage(path+"sippo.png")    sippoは後ろなので先に定義
12   For i=9 to 1 Step -1
13   ryuu[i]=Shapes.Addimage(path+"karada.png")
14   EndFor
15   ryuu[0]=Shapes.AddImage(path+"atama.png")     atamaは手前なので最後に定義
16
17   rr=0                  もちろんループの前で定義
18   While "true"           実行すると？
```

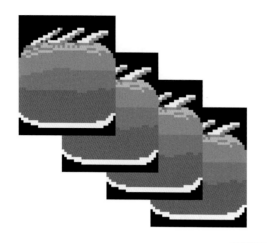

矢印のところは、**9から1まで**
「Step -1」として値を減らす
ループをしています。

「９８７６５４３２１」

これは頭に近い方が手前に表示
されるよう、**定義の順番を工夫**
したものです。

```
For i=0 To 10
    y=240
    y=y+Math.Sin(r*3.14/180)*(i*8)
    'GraphicsWindow.FillRectangle(x,y,30,30)
    Shapes.Move(ryuu[i],x,y)
    r=r+30
    x=x+20
EndFor
```

コメント文は実行されません。もう自
分でわかっているので**消してもOK**。

単純に「0」(atama) から [1]〜[9](karada)、
[10](sippo) まで表示させています。

表示部分はそのままで大丈夫のようですね♪　では を!!!

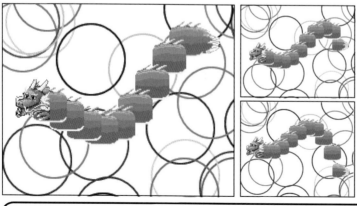

※ここでは絵の背景が透明（透過）しています。透明にしてキレイに
見せるには174ページをごらんください。もしくは6ページを♪

62　ミッション2　超リアルにウネウネする「龍」と遊ぶプログラムのお話

プログラムはアルゴリズムのかたまり

まだまだぁ!!!
キレイな曲線に
なっておらん！

ウネリ具合によって角度をつければ、よりリアルになります。

Shapesには「Rotate(変数名,角度)」という角度をつける命令があります。
では角度を求める……

最もカンタンなアルゴリズムは？

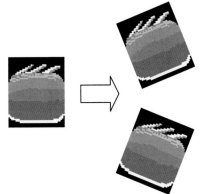

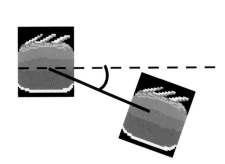

今のキャラクターと、次のキャラクターとでは縦の位置が違うわ。

その差を角度にしてみれば……！

ミッション2

回転機能を使ってみよう!!!

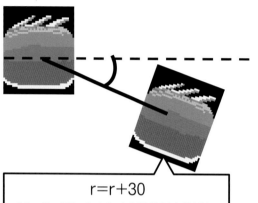

縦の位置は**左のようにして、求めて**いましたね。

次の位置も先に求めるワケですから、
r=r+30
で**次の Sin の角度**にして、求める必要があります。

そして**今の縦位置から次の縦位置を引き算**すれば、回転させる角度が計算できます。

変数 ro を作ったね。計算させて、
ro= 次の縦の位置 -ro としたのかぁ

```
For i=0 To 10
  ro=Math.Sin(r*3.14/180)*(i*8)
  r=r+30
  ro=Math.Sin(r*3.14/180)*(i*8)-ro

  y=240
  y=y+Math.Sin(r*3.14/180)*(i*8)
  'GraphicsWindow.FillRectangle(x,y,30,30)
  Shapes.Move(ryuu[i],x,y)

  x=x+20
EndFor
```

下にあった
r=r+30 は
上に移動させました。

Shapes.Rotate(変数名 , 角度)
……はどこに入れよう？？

```
For i=0 To 10
  ro=Math.Sin(r*3.14/180)*(i*8)
  r=r+30
  ro=Math.Sin(r*3.14/180)*(i*8)-ro
  Shapes.Rotate(ryuu[i],ro)
```

実行 !!!

実行 (F5)

回転させるキャラクターの変数[0] ～ [10] と、その角度を変数 ro で設定しました

おめでとう！

ミッション2

見事なウネウネ
しかしソースコードが「汚い！」

点線の部分、**同じ記述が何度も書かれて**いませんか？

```
For i=0 To 10
  ro=Math.Sin(r*3.14/180)*(i*8)
  r=r+30
  ro=Math.Sin(r*3.14/180)*(i*8)-ro
  Shapes.Rotate(ryuu[i],ro)

  y=240
  y=y+Math.Sin(r*3.14/180)*(i*8)
  'GraphicsWindow.FillRectangle(x,y,30,30)
  Shapes.Move(ryuu[i],x,y)

  x=x+20
EndFor
```

動けばいいじゃない

65

そんな考え方もあります（とくにお仕事では）。

しかし今回は、計算を何度も行わせることで、**実行速度が遅くなり、機械には負担がかかり**いいことがありません。見た目も「汚い」。

Sub ／ EndSub を活用しましょう

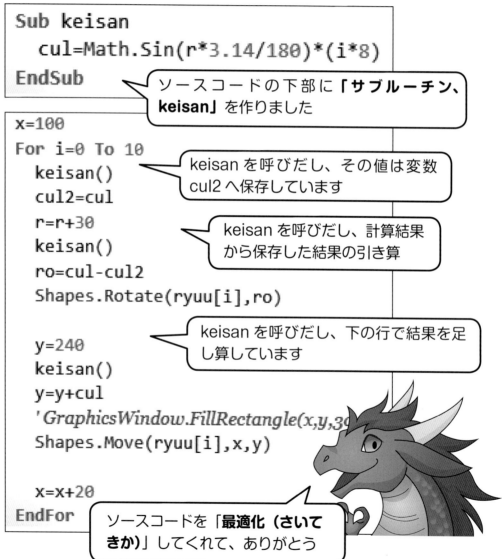

```
Sub keisan
  cul=Math.Sin(r*3.14/180)*(i*8)
EndSub

x=100
For i=0 To 10
  keisan()
  cul2=cul
  r=r+30
  keisan()
  ro=cul-cul2
  Shapes.Rotate(ryuu[i],ro)

  y=240
  keisan()
  y=y+cul
  'GraphicsWindow.FillRectangle(x,y,30
  Shapes.Move(ryuu[i],x,y)

  x=x+20
EndFor
```

- ソースコードの下部に「サブルーチン、keisan」を作りました
- keisan を呼びだし、その値は変数 cul2 へ保存しています
- keisan を呼びだし、計算結果から保存した結果の引き算
- keisan を呼びだし、下の行で結果を足し算しています
- ソースコードを「**最適化（さいてきか）**」してくれて、ありがとう

（時間もかかるし、疲れるなぁ……！）

マウスポインタの位置を求めよう

「GraphicsWindow.」のあとで

MouseX…横方向の位置
MouseY…縦方向の位置

これで求められます。

定数（ていすう…固定値のこと）から値の取得へ変更！

x=100

↓

x=GraphicsWindow.MouseX

y=240

↓

y=GraphicsWindow.MouseY

ミッション2

67

やらないと突然、悪魔が現れるかも!?

気づかれたようですが、龍の体が画面からはみ出しています。
本当なら出ないようにする処理（プログラム）が必要ですが、ある程度、自動的に行われることもあります。

角度の値をどんどん増やしていますが、
360度以上は普通、使いません。
値が大きくなりすぎて、機械があつかい
きれなくなったときは……！

```
rr=rr+5
If rr>360 Then
    rr=rr-360
EndIf
```

```
r=r+30
If r>360 then
    r=r-360
Endif
```

> **判定命令**だった**If**を使って、値が
> 360より大きくならないようにした
> ね
> 「エラー処理」の一種だよ
> 危なっかしい点には予防のプログラ
> ムを書いておくんだ

68　ミッション2　超リアルにウネウネする「龍」と遊ぶプログラムのお話

大きな画像の表示あれこれ

画像使うの？
はい♪

ありがと。でも最近のデジカメ「写真」って、**画面のサイズより大きい**から……!!!！

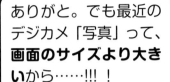

そう、大きいですよね。

画像用のソフトが使える方は「トリミング」(指定範囲切りぬき)や「リサイズ」(大きさ変更)ができますが……。

「GraphicsWindow」クラスには、
DrawImage(ファイル名,横位置,縦位置)
…画像を表示する。

難しいこともなんとか達成していくのが**「プログラミング」の楽しみ方**です。

縦と横の比率（バランス）は多少、狂いますが**「いい命令」、ありますよ♪**
その名のとおり「リサイズイメージ」。

GraphicsWindow.
DrawResizedImage(A,B,C,D,E)
A) ファイル名　B) 横の位置　C) 縦の位置
D) 横の幅　E) 縦の幅

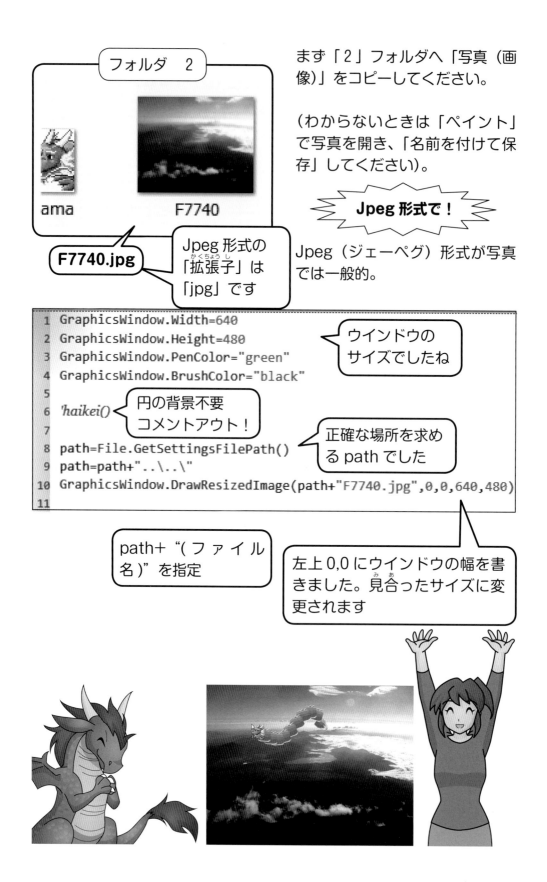

「襲撃!?」・リバースエンジニアリング

> あっ。背景がここで復活!!!
> 「龍」の定義より後にあります

> 「400」に変更されています
> そして「定義」と表示されています!

```
Sub haikei
    For i=0 To 10
    x=math.GetRandomNumber(600)
    y=math.GetRandomNumber(400)
    kumo[i]=shapes.AddImage(path+"kumo.png")
    Shapes.Move(kumo[i],x,y)
    EndFor
EndSub
```

> ランダム表示

> 10個、定義

復活していた「haikei」は kumo.png がランダムに表示され、背景も龍も隠してしまうようにされていました!

これでは kumo.png の絵が手前に表示され、ジャマ者となります。

72　ミッション2　超リアルにウネウネする「龍」と遊ぶプログラムのお話

マウスのボタンがクリックされたとき

ジャマな雲のところで**マウスのボタンが押されたら**、しっぽで叩き消す！！！

「GraphicsWindow」クラス
MouseDown＝（サブルーチン名）
ボタンが押されたら、＝で定義した
サブルーチンへ**「流れ」がジャンプ！**

```
haikei()

GraphicsWindow.MouseDown=botan
```

サブルーチン名は
「botan」としました

うん、うん

```
Sub botan
    Shapes.Zoom(ryuu[10],2,2)
    Program.Delay(1000)
    Shapes.Zoom(ryuu[10],1,1)
EndSub
```

「sippo」の絵

完ぺきなソフト・アプリは存在しない!?

はい。
これ、「Small Basic」のバグ（不具合）です。ソースコードに間違いはありません。ですが思ったとおりに動かない……。

ソフトどころかウインドウズ本体も**「Windows Update」でインターネットから修正プログラムを取りこんで、バグを直して**います。
ではどうする？
この手のバグには「ウエイト」を入れてみます。

```
Sub botan
    Program.Delay(100)
    Shapes.Zoom(ryuu[10],2,2)
    Program.Delay(1000)
    Shapes.Zoom(ryuu[10],1,1)
EndSub
```

0.1秒だけ「ウエイト」を入れてみます

「当たり判定」イロイロ

さぁ、拡大された尾で、
ジャマ者（雲）を
叩き消していくゾ!!!
そのためには、えっとえっと……。

絵（キャラクター）同士がぶつかって（重なって）いるか、調べます。通称**「当たり判定」**。
これは絵の表示位置を使って調べます。
どうやるのでしょう？

当たっていない

当たり!!!

```
Sub botan
   Program.Delay(100)
   Shapes.Zoom(ryuu[10],2,2)
   Program.Delay(1000)

   ox=Shapes.GetTop(ryuu[10])
   oy=Shapes.GetLeft(ryuu[10])

   Shapes.Zoom(ryuu[10],1,1)
EndSub
```

Shapes クラス

GetTop
「sippo」の縦の位置を求めます

GetLeft
「sippo」の横の位置を求めます

76　ミッション2　超リアルにウネウネする「龍」と遊ぶプログラムのお話

絶対値を返す「Math」の「Abs」命令

```
Sub botan
  Program.Delay(100)
  Shapes.Zoom(ryuu[10],2,2)

  ox=Shapes.GetTop(ryuu[10])
  oy=Shapes.GetLeft(ryuu[10])

  For lp=0 To 10
  kx=Shapes.GetTop(kumo[lp])
  ky=Shapes.GetLeft(kumo[lp])

  If Math.Abs(kx-ox)<40 And Math.Abs(ky-oy)<40 Then
    Shapes.HideShape(kumo[lp])
  EndIf
  EndFor

  Program.Delay(1000)
  Shapes.Zoom(ryuu[10],1,1)

EndSub
```

ジャマ者は10個なので**10回のループ**を作る

ジャマ者の位置を kx と ky に代入していく

HideShape でジャマ者を非表示（消）します

```
If Math.Abs(kx-ox)<40 then
  If Math.Abs(ky-oy)<40 Then
    Shapes.HideShape(kumo[lp])
  EndIf
EndIf
```

ウリャリャリャリャ!!!

条件判定の **If 命令**は、「**And**」をつけると、このように2行になる部分を1行にできます。
「**Or**」をつけると、**どちらかが正しいとき実行**。
1 And 2 Then なら訳すと「1かつ2のときは」。

```
If Math.Abs(kx-ox)<40 And Math.Abs(ky-oy)<40 Then
   Shapes.HideShape(kumo[lp])
EndIf
```

ふんふん。「Math」クラスの Abs はマイナスの値をプラスにして戻すんだ。
引き算して「差」を求めたいとき、よく使うよ。

Abs(ジャマ者の横位置 - しっぽの横位置)
And
Abs(ジャマ者の縦位置 - しっぽの縦位置)

で「差」が両方 40 以下なら、「当たり」だね。

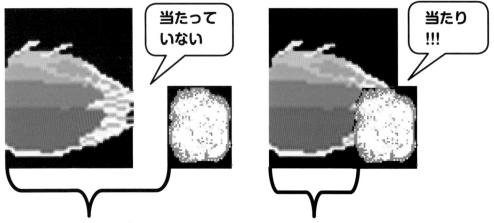

差が「40」より大きい　　　差が「40」以下
Abs(差) としているので、差が「-50」だと「50」になり、当たっていない。

40 という値はおおよそだって。
で、この場合、彼女とボクの当たり判定は？

では [実行(F5)] で実行して
「作戦勝利宣言」を !!!

設計ミスもアイディア次第

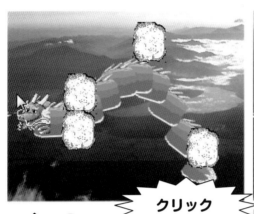
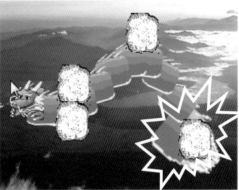

クリック

ふう、消せた♪
この調子で10個
消してしまえば

これ以上、
左へ行けないよぉ

オレ（雲）は不滅、
消せまい！

sippoが届かないジャマ者が出てきてしまいました。
これではジャマ者（雲）消しゲームとしては不完全です。
ここであきらめますか？

　　　　はい　　　　　　　　　⇒いいえ

「反転」攻勢だ!!!

それよ！
見た目は悪くても
ジャマ者を消せるわ。

龍は左向きで、体は x=x+20 で **20 ピクセルずつ右へ伸びて**いました。
これを何かのタイミングで「反転」、そう、 x=x-20 してやればいいのです。

```
GraphicsWindow.MouseDown=botan
muki=20
```

ループの外側に 20 や -20 にできる
よう**変数 muki を設定しました**

龍を描くループ内にある以下の「29」を変数 muki にしました。

これで **muki の値が -20 なら、龍は左に伸びる**はずです。

どのタイミングで向きを
変えるのがいいかしら？

マウスの「左」ボタン？ 「右」ボタン？

決定!!!
「右」クリック
されたとき

覚えていますか？ "ture" と "false" のこと。今度の**「Mouse」クラスの命令**では、戻り値がコレになります。数値ではありません。

「Mouse」クラス
IsRightButtonDown… マウスの「右」ボタンが押されていたら "ture"、違うなら "false" を返す。
IsLeftButtonDown…「左」ボタンを同じように調べて返す。

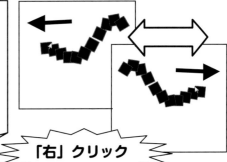

「右」クリック

以下の場所に追加してください。

```
Sub botan
  Program.Delay(100)
  If Mouse.IsRightButtonDown="true" Then
    muki=-muki
  EndIf
```

「右」ボタンが押されていたら

muki の値を反転させる
20 なら -20 へ
-20 なら 20 へ

勝負!!!

実行 (F5)

「右」クリック

ちょっと不格好だけど、体の向きが反転。これで、はしっこのジャマ者も消せるゾ～～!!!

クリック、「右」クリックを使ってジャマ者を消していこう！

「美しい景色を取り戻せました!!!」

本当なら 勝利!!! とでも表示したいですが、それは次のミッションで。

ソフトやアプリは最初から画像が完成しているわけではないので、四角形など「ダミー」を当てはめて、「ながら」作業します。

デザイナーさんなら絵を仕上げながら
プログラマーさんなら
ソースコード良くしながら

「ながら」＝「並行」して作業していくのは当たり前です。今回は「ペイント」で龍の絵を描きつつ、ソースコードも書く……という**「ながら」体験**ができました。

そして重要なのは、大きなミスと出合っても**「あきらめない」で解決策をみつけていく**ことです。
強引ですが龍の体の「反転」はいい例です。

プログラミングには、
実は根性
も必要だったのです!!!

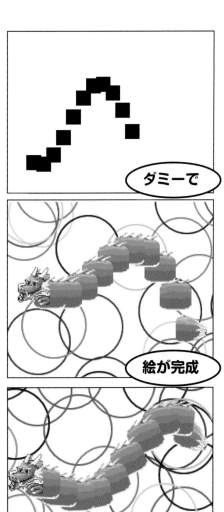

ダミーで

絵が完成

体に角度

背景到着

ミッション２のプログラムです

```
GraphicsWindow.Width=640
GraphicsWindow.Height=480
GraphicsWindow.PenColor="green"
GraphicsWindow.BrushColor="black"

path=File.GetSettingsFilePath()
path=path+"..\..\"
GraphicsWindow.DrawResizedImage(path+"F7740.jpg",0,0,640,480)
ryuu[10]=Shapes.AddImage(path+"sippo.png")
For i=9 to 1 Step -1
ryuu[i]=Shapes.Addimage(path+"karada.png")
EndFor
ryuu[0]=Shapes.AddImage(path+"atama.png")

haikei()

GraphicsWindow.MouseDown=botan
muki=20

rr=0
While "true"
  r=rr
  rr=rr+5
  If rr>360 Then
    rr=rr-360
  EndIf
x=GraphicsWindow.MouseX
For i=0 To 10
  keisan()
  cul2=cul
  r=r+30
  If r>360 then
    r=r-360
  Endif
  keisan()
  ro=cul-cul2
  Shapes.Rotate(ryuu[i],ro)
  y=GraphicsWindow.MouseY
  keisan()
  y=y+cul
  Shapes.Move(ryuu[i],x,y)
```

不要なスペース（改行）やコメント文は消してあります。

空白は自由に入れられます。
余計、見にくいですね……。

変数名は「好き勝手」につけています。名前に意味はなし。

84 ミッション２ 超リアルにウネウネする「龍」と遊ぶプログラムのお話

```
  x=x+muki
EndFor
Program.Delay(30)
moux=GraphicsWindow.MouseX
EndWhile

Sub keisan
  cul=Math.Sin(r*3.14/180)*(i*8)
EndSub

Sub haikei
  For i=0 To 10
  x=math.GetRandomNumber(600)
  y=math.GetRandomNumber(400)
  kumo[i]=shapes.AddImage(path+"k
  Shapes.Move(kumo[i],x,y)
  EndFor
EndSub

Sub botan
  Program.Delay(100)
  If Mouse.IsRightButtonDown="true" Then
   muki=-muki
  EndIf
  Shapes.Zoom(ryuu[10],2,2)
  ox=Shapes.GetTop(ryuu[10])
  oy=Shapes.GetLeft(ryuu[10])
  For lp=0 To 10
  kx=Shapes.GetTop(kumo[lp])
  ky=Shapes.GetLeft(kumo[lp])
  If Math.Abs(kx-ox)<40 And Math.
    Shapes.HideShape(kumo[lp])
  EndIf
  EndFor
  Program.Delay(1000)
  Shapes.Zoom(ryuu[10],1,1)
EndSub
```

ここまでがメインの「流れ」。
メインプログラムと呼びます。

以下、「サブプログラム（ルーチン）」です。ジャンプで呼ぶ別の「流れ」。

クラスや命令などは大文字、小文字、区別されません。
上では Math. なのに、ここでは math. になっています。

入力の具合がおかしくなったときは、キーボード左上の Esc キーを押してください。

ミッション2

85

もっともっと
ボクのこと、学(まな)んで
楽しんでよ!

プログラミングすること
少しだけわかってきたわ。
なんだか楽しい……♪

86　ミッション2　超リアルにウネウネする「龍」と遊ぶプログラムのお話

ミッション3
地球を守れ!!!
ソフト完成までの絶対必須な物語

いよいよ実践です。
ソフト・アプリとは「何?」、という体験はできました。今度のミッション(作戦)では、タイトルからゲームオーバー、クリアまでそろった **「ひとつのソフト」** を完成させていきます

これまで「ちらし」作りをやっていました。そのワザを活かして「本」を作ってみようというもの。意外とオモシロイ「本」。
もちろん新たなる命令も使いますが、ここまで読んだ「あなた!」。
もう「テク」はけっこう身につけています。あとは……。
「こんな場合こうする」 との体験学習でプログラミング・マスターへ!!!

ヒーロー・ヒロイン「ソフト」の構想

ふたりの間には、かなり**「イメージの差」**があるようです。
ソフトでもアプリでも作る前に、ある程度、話し合ってイメージを**「共有（シェア）」**しておかないと、たいへんなことになります。

ソフトやアプリの内容によっては、**「仕様書」**が数百ページということも。
「このキャラはみかんが好きで」などなど、こんな**「設定」**はソフトができてから決めましょう。

今回も画像の準備をします。「ペイント」の場合をクリックします。

「ピクセル」をクリック、「縦横比」のチェックを消し、作りたい画像の大きさを入力します。

36ページの手順で新しく「3」フォルダを作り保存。

①こぶしを向けたキャラ
横100、縦100ピクセル程度

ファイル名
kyara.png

①隕石
横100、縦100ピクセル程度

ファイル名
inseki.png

③地球（背景用）
横800、縦600ピクセル
（写真を使うなら大きさ自由）

がんばるゾ〜〜!!!
「拡張子」は写真なら「.jpg」、絵なら「.png」ね。

※6ページも見てください♪

タイムトンネル(?)で「プロ」流の書き方へ

「Small Basic」を画面に出して、さっそくミッション開始!!!

```
1  GraphicsWindow.Width=800
2  GraphicsWindow.Height=600
3  GraphicsWindow.BackgroundColor="black"
4  GraphicsWindow.BrushColor="red"
5  GraphicsWindow.FontSize=80
```

いつもどおりの書き始めですね♪

FontSizeで使う文字のサイズを指定してます

ほっほっほぉ。キミがもっと進歩できるようコレをプレゼントしよう。

どんどん書いていくわね!!!

```
title()
init()

While "true"

If donflg<>0 then
  don()
endif
level()
jump()
insmove()
hantei()
otita()

Program.Delay(50)
endwhile
```

メインプログラム

これだけです。ほぼ、関数の呼び出しで作られていますね!!!

これから作るプログラムの未来の姿だわ!

90 ミッション3 地球を守れ!!! ソフト完成までの絶対必須な物語

そう。
メインプログラムは、さまざまな処理をする「サブルーチン（関数）」の「流れ」として、必要な仕事をするものを呼びだしていく——。
司令塔のようなもの。

あなたはこのプログラムを担当してね

え…、ボクが!?

こうすれば**「誰だれさんはこんな処理をするプログラムを作って」**と役割分担できます。

分業化が進んでいる今、**「プロ」流のソース・コードのテクニック**を身につけておきましょう♪

```
タイトル画面の    レベルメーター      キャラと隕石の当た
プログラム       表示プログラム      り判定プログラム

         キャラのジャンプ    隕石を下へ動かす
         プログラム         プログラム

              かっこよく文字を表
              示するプログラム

                  メインプログラムが
                  まとめていく
```

ときには「サブルーチン」が別の「サブルーチン」を使うこともあります。

「かっこよく文字を表示するプログラム」

これはタイトル画面でも、他の画面でも**使い回しできる**ので、サブルーチンにしておくべきです。

まぁ……ぼちぼち慣れていきましょう!!!

「Text」クラスでタイトルはバッチリだ!

まずは、拡大縮小されて、1文字ずつ「ドンドン」と表示されていくような「かっこいい表示」を作りたい!

あちこちで使えるよう、文字列は変数に入れて……

ええ、呼びだせるようにしなくっちゃね

「Text」クラス
GetLength…文字列の「文字数」を値として返す。
GetSubText…文字列の指定文字目から、指定文字数だけ「文字」を取り出して返す。

文字列は moji へ代入。
moji= "ABCDEF" などなど。
問題は文字を「1文字ずつ」取り出して、拡大縮小表示させる点。

でも「Text」クラスにいいものがありました。

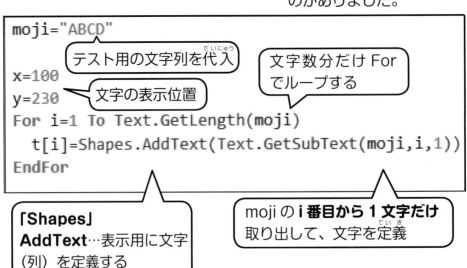

```
moji="ABCD"

x=100
y=230
For i=1 To Text.GetLength(moji)
    t[i]=Shapes.AddText(Text.GetSubText(moji,i,1))
EndFor
```

テスト用の文字列を代入
文字の表示位置
文字数分だけ For でループする

「Shapes」
AddText…表示用に文字(列)を定義する

moji の i 番目から1文字だけ取り出して、文字を定義

そうか……
定義するなら
位置とかの
設定もいるね。

「実行」
すると!?

プログラムの終了は
右上の×をクリック！

```
For i=1 To Text.GetLength(moji)
  t[i]=Shapes.AddText(Text.GetSubText(moji,i,1))
  Shapes.Move(t[i],x+i*80,y)
EndFor
```

文字キャラ **t[i]** を x の位置から横に **i × 80** ずつして表示

「実行」
すると!?

1文字ずつループで拡大縮小させていけば「かっこいい？」。

```
x=100
y=230
For i=1 To Text.GetLength(moji)
  t[i]=Shapes.AddText(Text.GetSubText(moji,i,1))
  For z=20 To 1 Step -1
    Shapes.Move(t[i],x+i*80,y)
    Shapes.Zoom(t[i],z,z)
    Program.Delay(20)
  EndFor
EndFor
```

20 から 1 まで **Step** を使い **-1** していくループ

キャラ t[i] を縦横 z 倍表示に

「ウエイト」です。
0.02 秒待たせています

サブルーチン化はカンタン

「実行」すれば「かっこいい」表示！
SubとEndSubの間にはさんで、
「サブルーチン」化しよう
名前は「mojikaku」にでもしよっと

```
Sub title
moji="地球防衛隊"
mojikaku()
EndSub
```

サブルーチン「title」を作成。
さっそく文字を書くサブルーチンを呼びだしています。

```
Sub mojikaku
x=100
y=230
For i=1 To Text.GetLength(moji)
  t[i]=Shapes.AddText(Text.GetSubText(moji,i,1))
  For z=20 To 1 Step -1
    Shapes.Move(t[i],x+i*80,y)
    Shapes.Zoom(t[i],z,z)
    Program.Delay(20)
  EndFor
EndFor
EndSub
```

「消す」命令で後始末までキチンと

```
GraphicsWindow.FontSize=80

title()

Sub title
```

呼びだす指示も忘れないわよ。これでタイトルは完成!?

SubとEndSubではさんだ部分は、呼びだされない限り、実行されません。

でも本当に完成ですか!?

文字を表示して終了。メインの「流れ」へ戻す。……では。

え？　クリックされるまで待って文字を消して、本当の終わりじゃない？

クリックされるまでWhileの「無限ループ」で待たせよう
そのあと、確か「Shape」クラスには定義を消す命令があったような……
これで文字表示も消えるね

クラスの「.」(ピリオド) まで入力すれば、命令などの一覧が出ましたね

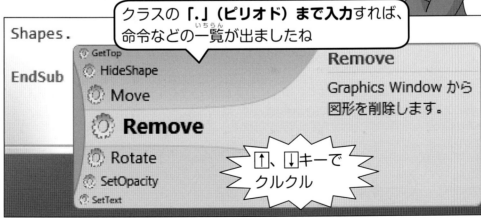

Remove
Graphics Window から図形を削除します。

↑、↓キーでクルクル

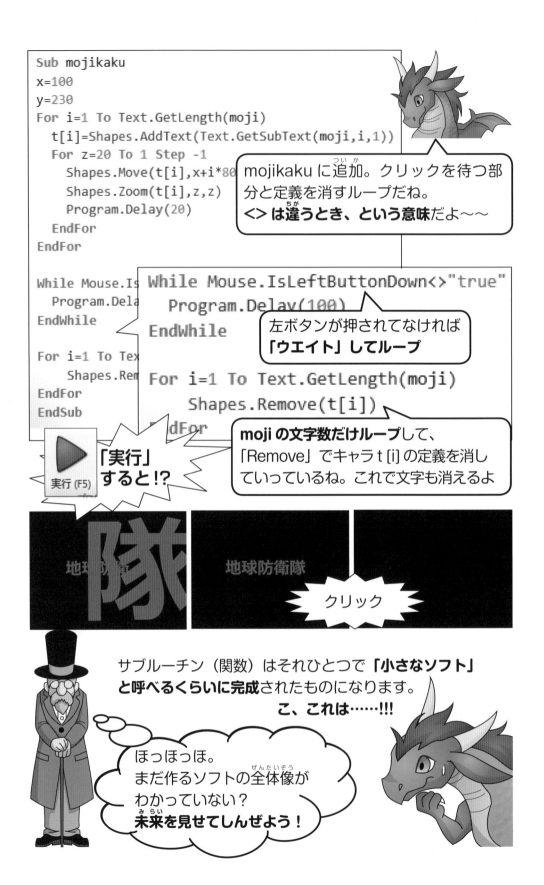

目標を思い描き、必要な「機能」を考案

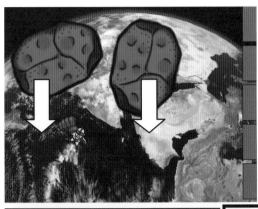

……ぼんやり、未来の状態が見えてきました。

隕石は不規則に回転しながら、落下していくようです。「ヒーロー・ヒロイン」はマウスで移動。

マウスの**ボタンを押しつづけると、右側のゲージがゆっくり上がっていきます。**

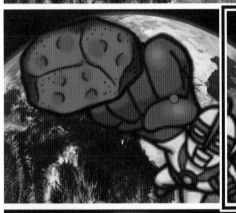

ジャンプ
エネルギー充てん!!!

大きな隕石にはフルパワーで、小さな隕石なら、あまり充てんしないジャンプ（画像拡大）でも、届くようです。

うまく**パンチできれば、隕石はドンと花びらのごとく消えていくよう。**

地球へある程度、隕石が落ちてしまったら**「おしまい」**。
ある程度、パンチできれば**「クリア」**みたい……。

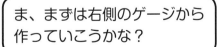

ま、まずは右側のゲージから作っていこうかな？

ミッション3

はい。
サブルーチン（関数）に区切っておけば、場合にもよります。ですが簡単にできそう、ソースコードが思いうかんだというところから、**順番はバラバラでも書いていけます。効率＆意欲ＵＰ！**

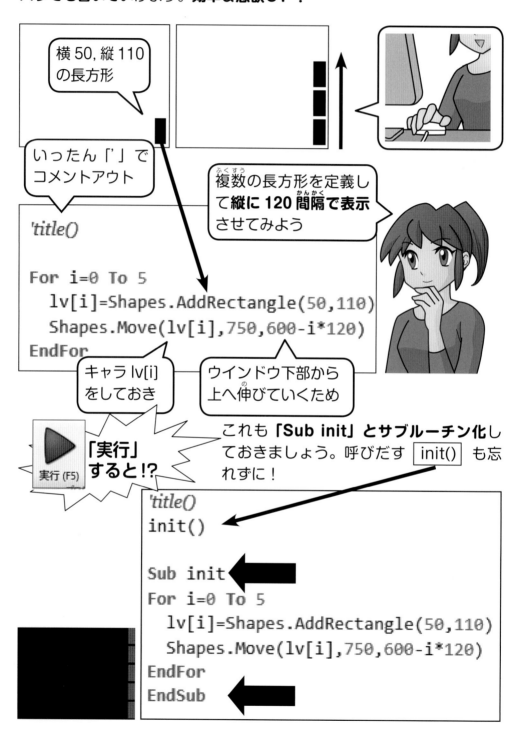

消したり出したり!? Hide & Show

「ヒーロー・ヒロイン」のボタン押しの「充てん」がどのくらいされているか？
これは kzmax という変数（名前は適当）に代入することにしようか。
ゲージ表示のサブルーチンはどうする？

```
Sub level
For li=0 To 5
   If kzmax>=li Then
      Shapes.ShowShape(lv[li])
   Else
      Shapes.HideShape(lv[li])
   EndIf
EndFor
EndSub
```

- level と命名
- 複数表示のためループ
- kzmax が li と等しいか大きい

「Shapes」クラス
ShowShape…定義されたものを表示。何もしなければこちらが選択。
HideShape…定義されたものを消します（表示のみ）。

メインプログラム。

```
'title()
init()
kzmax=3
level()
```

値は3にしてみたわ

「実行」すると!?

3つ表示。
正常!!!

じゃあ今度は、
マウスの「左」ボタンが押されていたら、
kzmax の値を最大 5 まで +1 しよう。

メインの「流れ」となる「メインループ」も必要だね♪

```
kzmax=3

While "true"
level()

If Mouse.IsLeftButtonDown="true" then
    If kzmax<5 Then
        kzmax=kzmax+1
    EndIf
else
   kzmax=0
EndIf

Program.Delay(50)
EndWhile
```

- 無限ループへ
- もし「左」ボタンが押されていたら
- 5段階目より小さいなら、+1「充てん」
- 「左」ボタンが**押されていない**なら、段階を0にする
- 無限ループに「ウエイト」をかける

すぐに最大まで伸びちゃった!!!

「実行」すると!?　マウスのボタンを押す

「ウエイト」の値を大きくして遅くする？
するとゲーム全体の動きが遅くなってしまいます。

手動「ウエイト」、空ループ＆空カウント

何回かに1回、動かす（処理する）などしたいときは「カウント」処理で手動「ウエイト」を作ります。
カウント用の変数、ええっと kwait を用意してから……。

```
init()
kzmax=0          ← 0で初期化
kwait=0
While "true"
level()

If Mouse.IsLeftButtonDown="true" then
   kwait=kwait+1         ← カウントを+1
   If kwait>3 then       ← 3より大きいなら
      kwait=0            ← カウントを0へ
      If kzmax<5 Then      そしてゲージの
         kzmax=kzmax+1     値を+する
      EndIf
   EndIf
else
   kzmax=0
EndIf
```

3を大きくすると、もっとゆっくり、小さくすれば速く

「実行」すると!?

ゆっくりゲージが伸びていくようになったわ。
ゲージに応じてジャンプさせてみたいなぁ。

101

使うだけ。変換処理も怖くない！

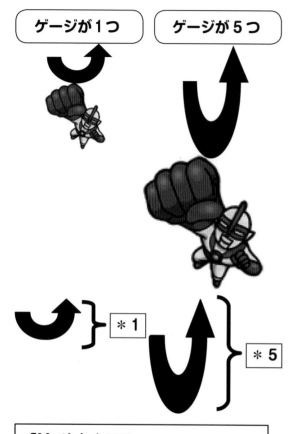

ゲージが１つ

ゲージが５つ

＊１

＊５

小さなジャンプ（画像拡大）と**大きなジャンプ**が必要です。
拡大する数値はカーブを描くように**リアルに動かしたい！**

前のミッションで「龍」をウネらせました。
その動きを「ヒーロー・ヒロイン」の拡大に使ってやればいいかも？

**ここでウネる三角関数
Sin（サイン）
の出番です**

Sin は角度に応じて -1 ～ 1 までのカーブした値を出します。
× 5 倍（ゲージ分）してやれば、大きなジャンプとなります。

「Math」クラス
Sin…三角関数のひとつ。ラジアンを使います。
GetRadians…角度をラジアンへ変換します。角度 *3.14/180 と同じ。

手動変換でもいいのですが、もっと複雑な変換に迫られたときの訓練として**「使うことに慣れておく！」**。

（拡大サイズ）＝ 1+Math.Sin(Math.GetRadians(角度))*kzmax

「１＋」としてるのは、サイズが「０」だとエラーになってしまうからね。

ウインドウタイトルを使って「デバッグ」

Sinで値をカーブさせたいときは、角度を
「0～180」にすれば変わっていきました。同じことをします。

```
kzmax=0
kwait=0
While "true"
level()

If Mouse.IsLeftButtonDown="true" then
  kwait=kwait+1
  If kwait>3 then
    kwait=0
    If kzmax<5 Then
      kzmax=kzmax+1
    EndIf
  EndIf
else
  kz=1+Math.Sin(Math.GetRadians(90))*kzmax
  GraphicsWindow.Title=kz
  Program.Delay(1000)
  kzmax=0
EndIf

Program.Delay(50)
EndWhile
```

計算式はここに
書いたんだね

文字が読めるよう
「ウエイト」を

「GraphicsWindow」クラス
Title…ウインドウのバーに
タイトルなど文字を表示します。

「実行」
すると!?

4.999998414659175

ゲージに**応じて数値
が変わる**。計算は
合ってるみたいね……

Sinは90度のとき「1」

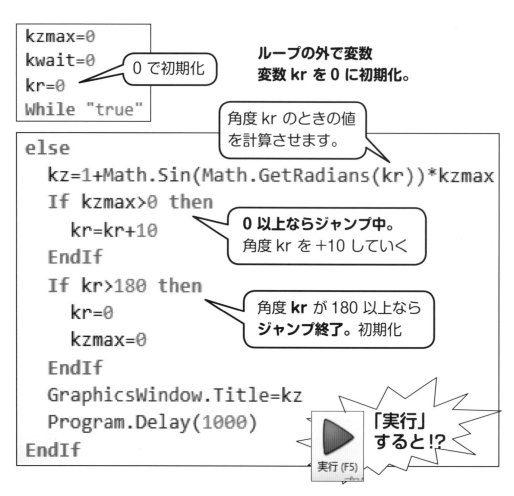

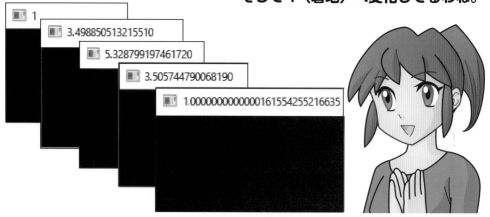

プロは数値を**「どうにか表示させて動作を確かめる」**こともします。
絵（画像）やダミーを作らなくても「検証」できる!!!
Title= はカンタンにデバッグ用表示に使えるので**便利**です。

フラグ処理はソフトのかなめ

kzmax=0
ジャンプしていない。

kzmax>0
ジャンプ中だとの判断材料。

ソフト・アプリの動きの変化に関わる変数は「フラグ」と呼びます。

たとえば kzmax=1 なら「ジャンプフラグが立った」といって、見合った処理をします。

フラグ用の変数を作るときもありますが、**自分自身でわかれば「兼用」する場合**もあります。

```
If kr>180 then
    kr=0
    kzmax=0
EndIf
```

左は角度 kr ですが180度を超えたら、それは**着地（ジャンプ終了）**ということ。
角度と兼用フラグを0にしています。

kyara.png

ヒーロー・ヒロインの絵が完成したゾ〜〜!!!

「3」フォルダに保存です。プログラムも**「game」**という名で保存しておきましょう。

お約束の「パス」設定を冒頭に追加

```
GraphicsWindow.FontSize=80

path=File.GetSettingsFilePath()
path=path+"..\..\"
```
¥キーで入力

X、Y座標と奥行き（高さ）のZ座標

少し押して
ジャンプ!!!

マウスで操作できます。では少しボタンを**押してから離して**みて！

ゲージを満タン
にしてジャンプ!!!

Y座標

Z座標

X座標

右クリックで
一部「コピペ」

While
EndWhile

Sub jump
EndSub

数学的にも、本格的なプログラミングの世界でも
それぞれの「位置」は **X、Y、(Z) 座標**と呼ばれます。

では、ジャンプする部分のソースコードを
Sub と EndSub ではさみ（選択）サブルーチン化。
そしてループの下に出してください。名前は **jump**

ミッション3

爆発「don」ルーチンの目標

  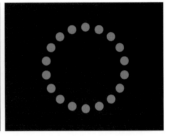

まず目標です。
こんな円があちこちで広がっていく（爆発）プログラムの完成。

```
Sub init
For i=0 To 5
  lv[i]=Shapes.AddRectangle(50,110)
  Shapes.Move(lv[i],750,600-i*120)
EndFor

For i=0 to 18
  don[i]=Shapes.AddEllipse(30,30)
  Shapes.HideShape(don[i])
EndFor
EndSub
```

> 横縦30ピクセルの円を **don[i]として定義**する

```
init()
donflg=0
```

花火みたい
でキレイだ
なぁ♪

もちろん**メインループの手前**、
init( ) のところで donflg=0
と専用の「フラグ」を
作りました。

円を描く式を応用しよう

「Sin（サイン）と Cos（コサイン）で……」

「式がわからないとか！？」

don[doni]

don[doni]　長さ donl

中心座標は donx と dony に代入
donl を大きくすれば円も大きく

円周状に丸を広げていく。このとき、**丸の座標は？**
ヒントは円です。円を描く式は、

x＝sin(角度)* 長さ
y＝cos(角度)* 長さ

たとえば長さ 20 で角度を 0 〜 360 度、Sin や Cos へ代入していくと、**半径 20 の円が描け**ます。

Sub don の制作。角度の変数 donr は 0 で初期化

公式の計算値を x、y へ代入

```
Sub don
donr=0
For doni=0 to 18
  x=Math.sin(Math.GetRadians(donr))*donl
  y=Math.cos(Math.GetRadians(donr))*donl
  Shapes.ShowShape(don[doni])
  Shapes.Move(don[doni],donx+x,dony+y)
  donr=donr+20
EndFor
donl=donl+30
EndSub
```

角度 +20

長さ +30

don[doni] を**表示**させ中心座標から円を描く

式さえわかればイロイロ描けそう（強気！！！）。

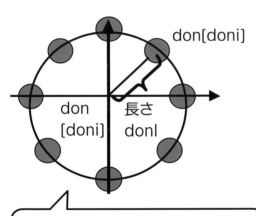

ミッション3

109

ForとEndForのループで0〜360度、角度を変えています。
メインのループ内にダミーのプログラムを書いて、**「検証！」**。

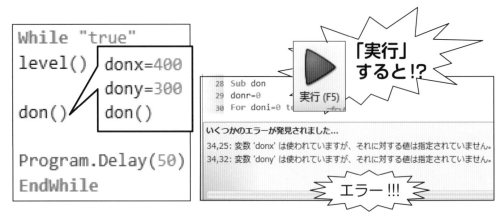

基本的に「変数」は**いきなり使うと変な値になっている**ことがあります。そのエラー。

役目を終えたら「待機」させます

Sub don サブルーチン「don」の後半へ。

```
39  donl=donl+30
40  If donl>200 Then
41      donflg=0
42      For doni=0 To 18
43          Shapes.HideShape(don[doni])
44      EndFor
45      donl=0
46  EndIf
47  EndSub
```

- 長さ donl が 200 以上なら
- 「フラグ」を 0（非実行）にして
- ループで丸キャラ don[doni] の表示を消していきます
- 再度、動かされても大丈夫なように長さは 0 にしておきます

```
19  donx=0
20  dony=0
21  While "true"
22    level()
23    If donflg<>0 Then
24      don()
25    EndIf
26
27    Program.Delay(50)
28  EndWhile
```

変数の初期化

donflg を自ら 0 にして「完了宣言」です。

メインループ（プログラム）では、donflg が <>0、**0 以外のときのみ don( ) を実行**するようにしました。

あいかわらず重い

どこかで donflg が 0 以外にされたら、「爆発」が動作する仕掛けね

※ 行番号は位置参考用です。同じにする必要はありません。

ソフト・アプリの実用性を高めるテク

　サブルーチン「init」の前半へ追加。

```
Sub init
For i=0 to cnt
   ins[i]=Shapes.AddImage(path+"inseki.png")
EndFor
insekiset()
```

「3」フォルダ内の inseki.png の キャラを cnt 分、定義する

どうして cnt なんて変数を使っているの？

これは表示する隕石の数を変化させて、ゲームが難しいなら少なく、カンタンなら、多くして**「バランス」調整するため。**

何かをたとえば 10 回、動かすプログラムを完成させても、あるとき**「20 回に変えて！」**といわれたら？数値を直接、書いていたら全部、入力し直しです。

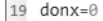

inseki.png

変数にしておけば
1 カ所直せば
全部、修正可能！

```
19  donx=0
20  dony=0
21  cnt=2
22  While "true"
```

ループ前に cnt=2 よ。
今度は、
init( ) 内に書いた**「insekiset( )」**
を作らないとね♪

自動クリッピングを活用しよう!!!

```
Program.Delay(50)      ← メインループ（プログラム）
EndWhile

Sub insekiset                    ← 隕石の座標をランダムに決める
  For i=0 to cnt                    画面の外で!!!
    insx[i]=100+Math.GetRandomNumber(600)
    insy[i]=-1200+Math.GetRandomNumber(1200)
    insz[i]=1+Math.GetRandomNumber(4)    ← 隕石の「高さ」
    insr[i]=-2+Math.GetRandomNumber(4)
    insrr[i]=0          ← 隕石の回転する向き。マイナスなら左
  EndFor                   -2～「+2」の値がでるように
EndSub         ← 隕石の角度、保存用

Sub don
donr=0          ← 以下、さきほど作った「don」
```

サブルーチン（関数）はメインループより下なら、**どこにどんな順番で書こうと自由**です。

さて**点線部分**、Y座標が-1200では、**ウインドウの外の上側**です。

実は、**見えないところで隕石を配置**して、**画面内へ流し入れる**ことをやろうとしています。

「Small Basic」は画面外に出た画像の処理「クリッピング」を自動でやってくれるから、応用しました。

ミッション3

「エラー」チェックはこまめにやろう

「エラー」が**出ないのを確かめるのも「役目」**です。
ソースコードを少し追加したら、たまには「実行」させてみて「エラー」があるか調べる。**これ、重要です。**

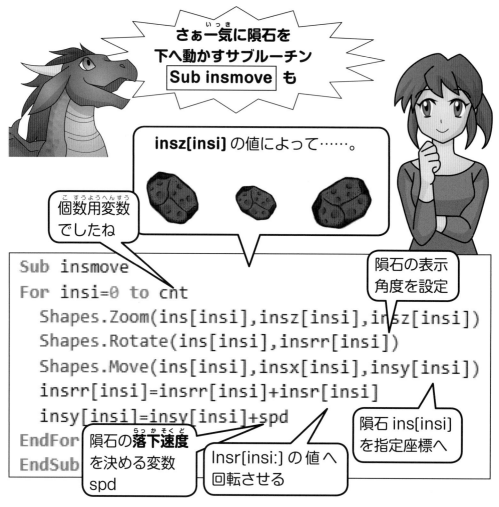

同時に動くカラクリ

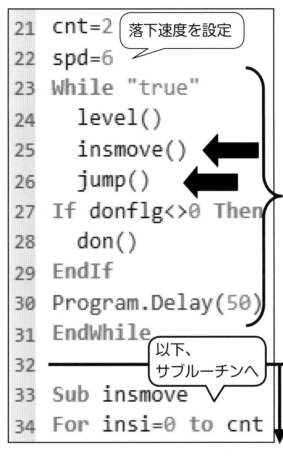

spd は「ゲームバランス」用。**大きくすれば落下が速くなり難しく。**例によって名前は思いつき。

メインループ（プログラム）内へ独立したサブルーチンを並べました。
insmove( ) を追加。

ついでに作った **jump( ) も追加。**

複数の動きが「ながら」で実行されますね♪

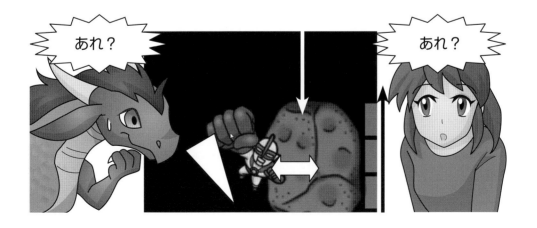

「init」はイニシャライズ(初期化)の略

「エラー」にならないけれど、思ったとおりに動かない!!!
頭にくるバグです。**隕石もひとつしか出ないゾ??**
今回は隕石より手前に「ヒーロー・ヒロイン」が表示されています。
これでは**「ゲームとしておかしい!」**。

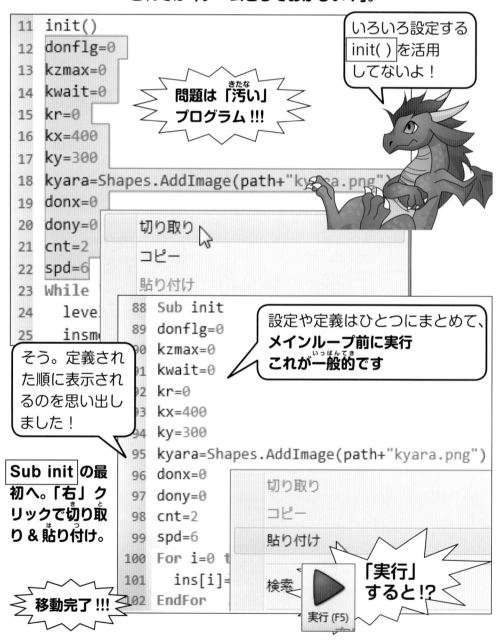

116　ミッション3　地球を守れ!!!　ソフト完成までの絶対必須な物語

「今度は大丈夫♪ cnt の設定位置も悪かったみたい……」

「メイン部分も見やすくわかりやすく!」

では隕石が全部、落下（画面の下へ消えた）らどうします？

```
init()

While "true"
  level()
  insmove()
  jump()
  If donflg<>0 Then
    don()
  EndIf
  Program.Delay(50)
EndWhile
```

Sub otita を作成

```
Sub otita
  flg=0
  For i=0 to cnt
    If insy[i]>1200 Then
      flg=flg+1
    EndIf
  EndFor
  If flg>=cnt then
    insekiset()
  EndIf
EndSub
```

- カウント用の一時的なフラグ
- 隕石 cnt 分だけループして
- かなり画面外なら flg+1 していく

こんなのどう？

もし flg が個数分あるなら、**隕石の位置設定を再実行！**
だって隕石はすべて落下してますから

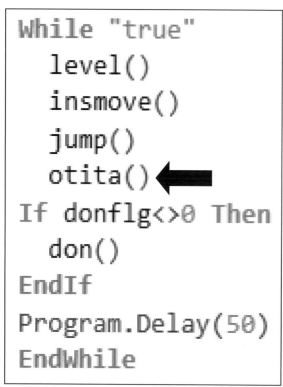

さっそくメインループ（プログラム）内へ、作ってみた **otita( )** を**追加**しました。

「実行」すると!?

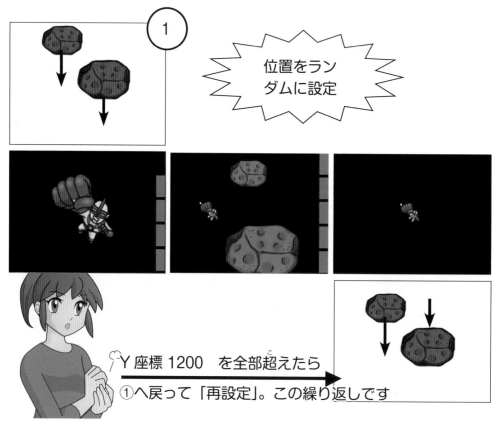

位置をランダムに設定

Y座標 1200 を全部超えたら ①へ戻って「再設定」。この繰り返しです

カタチができたら機能を追加していくだけ

ソフトやアプリのだいたいのカタチに仕上げるまでが「山」です。
そのあと、ソースコードを書くのは**「アルゴリズムミス」や「アイディア」との勝負**になります。

今度は爆発だ!!!

```
Sub otita
  flg=0
For i=0 to cnt

    If insy[i]>600 Then
      If donflg=0 And donx<>insx[i] then
          donx=insx[i]
          dony=600
          donflg=1
      EndIf
    EndIf


    If insy[i]>1200 Then
```

隕石がウインドウ下部を超えたなら

「爆発」しておらず、かつ前に爆発していないなら

爆発のＸ座標を隕石の座標、Ｙ座標は画面下部＆**フラグを「立てる」**

「実行」すると!?

フラグで「don」が自動実行されるね♪

あれ？ うまくいってるのに、さえないね？

パンチできた隕石はどうしたらいいかな。「爆発」させたくないし……

変数を作って管理するのも手ですが、ソースコードがどんどん増えてしまいます。こんなときは……！

**ありえない座標を代入し
目印にしてしまう!!!**

なるほど

パンチされたら座標をこうしてしまう

これは目印にできますし、**X 座標がウインドウの外なので「見えません」**ね。
そして、初期化などをまとめた「init」へ、**想像しながら追加**しました。

ng は隕石が落下したら増やしていく変数。
over はこの値を ng が超えたら
Gameover！
ok はうまくパンチ
できたら増やしていく。
clr はこの値を ok が
越えたらゲームクリア！

どうどう？
必要かなってものを
先読みしてみたの♪

"#ff00ff" は何色？　16進数のお話

　追加してみます。

```
If insy[i]>1200 Then
    flg=flg+1

    if insx[i]<>9999 then
       ng=ng+1
       If ng>over then
          gameover()
       EndIf
    EndIf

  EndIf
EndFor
If flg>=cnt then
   insekiset()
EndIf
EndSub
```

もし隕石がパンチされた隕石、値（9999）と「違った」なら

落下した。ngを+1していく

ng（失敗）の値がoverの値を超えたら「ゲームオーバー」

サブルーチン「gameover」も作ろうっと……

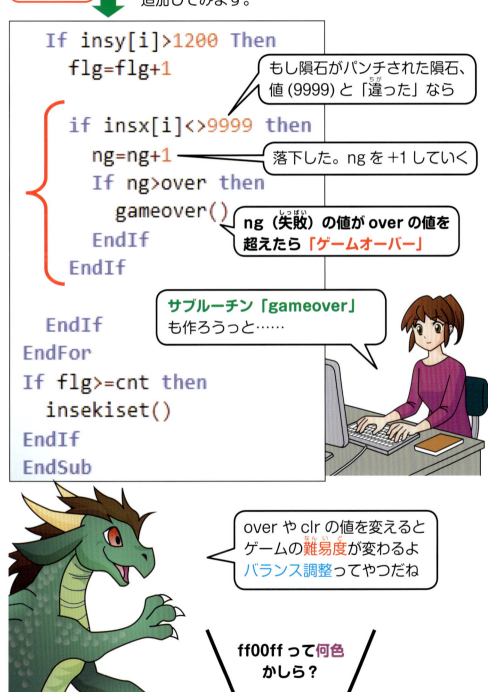

overやclrの値を変えるとゲームの難易度が変わるよ　バランス調整ってやつだね

ff00ffって何色かしら？

10／16進数		
0	なら	0
1	なら	1
2	なら	2
3	なら	3
4	なら	4
5	なら	5
6	なら	6
7	なら	7
8	なら	8
9	なら	9
10	**なら**	**A**
11	**なら**	**B**
12	**なら**	**C**
13	**なら**	**D**
14	**なら**	**E**
15	**なら**	**F**

色の指定には、ウェブページ（ホームページ）作成でみたことのある方法も使えました。

これらは「16進数（しんすう）」での指定。
16になると位がひとつ上がります。

F → 10
FF なら 255

指定では **RRGGBB** と赤、緑、青の強さ16進数2ケタで示します。必ず2ケタで！

赤緑青は「光の3原色」といい、混ぜ合わせれば作れない色はありません。
微妙な数値を混ぜ合わせれば、微妙な色も作れます。

```
Sub gameover
  moji="地球滅亡!!"
  GraphicsWindow.BrushColor="#ff00ff"
  mojikaku()
  Program.End()
EndSub
```

赤ff、緑00、青ffで「赤紫」に文字色を設定

かっこよく文字表示する部分を呼ぶ

「Program」クラス
End…実行終了。
ソフト＆アプリが終わります

「Program」クラスの End はそのまんま！

なすすべなく隕石が落ちていき、しばらくすると「**地球滅亡!!**」。

あまりに救いがないよぉ!!!
先に「ヒーロー・ヒロイン」がジャンプのパンチで地球を救った「ハッピーエンド」を作っておこう。

サブルーチン「ending」。

```
Sub ending
  moji="地球救出だ！"
  GraphicsWindow.BrushColor="#ffff00"
  mojikaku()
  Program.End()
EndSub
```

これは何色？

gameover とほとんど同じですね

いよいよ隕石との

当たり判定の作成ね！

ソースコードはまず、おおまかな機能だけを書き（ひな形）、あとからイロイロ追加していきます。

 作っていきます。

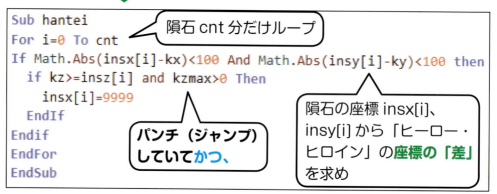

ジャンプの高さ kz が隕石の高さ insz[i] に達していない

ジャンプの高さ kz が隕石の高さ insz[i] に達している、そのときは座標を 9999 に

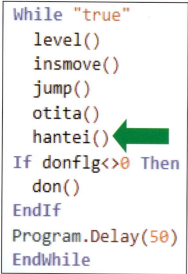

メインループ（プログラム）内には、**hantei( )** を追加しました。

さぁ、無事、当たり判定は動作するか！？

「実行」すると！？

大きな画像（背景）もウインドウサイズに

高い隕石なので
いっぱいにジャンプ

消せた！

```
Sub hantei
For i=0 To cnt
If Math.Abs(insx[i]-kx)<100 And Math.Abs(insy[i]-ky)<100 then
  if kz>=insz[i] and kzmax>0 Then
    donx=insx[i]
    dony=insy[i]
    donflg=1

    insx[i]=9999

    ok=ok+1
    If ok>clr Then
      ending()
    EndIf
  EndIf
    insx[i]=9999
  EndIf
Endif
EndFor
EndSub
```

insx[i] と insy[i] を爆発の座標 donx と dony へ代入。そして爆発の donflg を 0 以外に !!!

うまくパンチしたので ok を +1 していきます。ok の値が clr より大きいなら、ending を呼ぶ

仕上げ、仕上げ♪

ミッション3

おっと！
最後の最後

tikyuu.jpg

```
Sub init
GraphicsWindow.DrawResizedImage(path+"tikyuu.jpg",0,0,800,600)
ng=0
over=30
ok=0
clr=10
```

(path+"tikyuu.jpg",0,0,800,600)

GraphicsWindow.DrawResizedImage

title( ) のコメントを消して。

```
title()
init()
While "true"
   level()
   insmove()
   jump()
   otita()
   hantei()
If donflg<>0 Then
   don()
EndIf
Program.Delay(50)
EndWhile
```

以下、メインループ（プログラム）も、サブルーチン（関数）もすべて完成！
安心のため「保存」してから、

「実行」
すると!?

すぐ「**地球滅亡!!**」してしまう方は、over の値を大きくするか、clr の値を小さくしてみてください。
　　　　ゲームバランスの調整というものです。

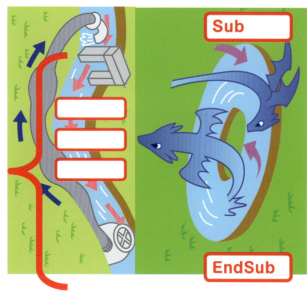

いかがでしたか？

ソフトやアプリはフラグなどありますが、メインループ（プログラム）を作ります。

そして、**サブルーチン（関数）のカタチで機能を、できることを、どんどん増やしていきます。**

カタチになったらメインへ追加！
こうしてコツコツ、プログラム（ソフト）を
より高機能に、よりおもしろくしていきます。

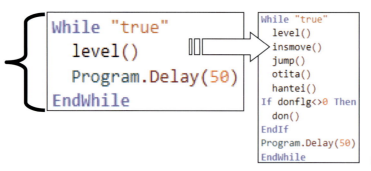

小さかったメイン部分が**こんなにも大きく**なったのです。
ソフトやアプリ作成の基本の基本はマスターできました♪

やったね！
ボクら「完成」
させられたよ。

そうよ♪
「完成」まで作れれば
ようやく一人前だって
言われてたの。

ミッション3のプログラムです

```
GraphicsWindow.Width=800
GraphicsWindow.Height=600
GraphicsWindow.BackgroundColor="black"
GraphicsWindow.BrushColor="red"
GraphicsWindow.FontSize=80↵
path=File.GetSettingsFilePath()
path=path+"..¥..¥"
title()
init()
While "true"
  level()
  insmove()
  jump()
  otita()
  hantei()
If donflg<>0 Then↵
  don()
EndIf
Program.Delay(50)
EndWhile

Sub hantei
For i=0 To cnt
If Math.Abs(insx[i]-kx)<100 And Math.Abs(insy[i]-ky)<100 then
  if kz>=insz[i] and kzmax>0 Then
    donx=insx[i]
    dony=insy[i]
    donflg=1
    insx[i]=9999
    ok=ok+1
    If ok>clr Then
      ending()
    EndIf
  EndIf
Endif
EndFor
EndSub

Sub ending
  moji="地球救出だ！"
  GraphicsWindow.BrushColor="#ffff00"
  mojikaku()
  Program.End()
EndSub

Sub gameover
  moji="地球滅亡！！"
  GraphicsWindow.BrushColor="#ff00ff"
  mojikaku()
  Program.End()
EndSub
```

メイン部分
サブルーチンを呼びだすことで「成立」しています
現在の一般的な書き方です
別にいちいち切り分けなくても「間違い」ではありませんが見直しなどがめんどうです

ゲームの命「当たり判定」
9999とするのがミソでした
わかりやすさ優先なので、
おおざっぱな判定です

ずいぶんたくさん
書いてたのね〜〜

ミッション3

```
Sub otita
  flg=0
For i=0 to cnt
  If insy[i]>600 Then
    If donflg=0 And donx<>insx[i] then
        donx=insx[i]
        dony=600
        donflg=1
    EndIf
  EndIf
  If insy[i]>1200 Then
    flg=flg+1
    if insx[i]<>9999 then
      ng=ng+1
      If ng>over then
        gameover()
      EndIf
    EndIf
  EndIf
EndFor
If flg>=cnt then
  insekiset()
EndIf
EndSub

Sub insmove
For insi=0 to cnt
  Shapes.Zoom(ins[insi],insz[insi],insz[insi])
  Shapes.Rotate(ins[insi],insrr[insi])
  Shapes.Move(ins[insi],insx[insi],insy[insi])
  insrr[insi]=insrr[insi]+insr[insi]
  insy[insi]=insy[insi]+spd
EndFor
EndSub

Sub insekiset
  For i=0 to cnt
    insx[i]=100+Math.GetRandomNumber(600)
    insy[i]=-1200+Math.GetRandomNumber(1200)
    insz[i]=1+Math.GetRandomNumber(4)
    insr[i]=-2+Math.GetRandomNumber(4)
    insrr[i]=0
  EndFor
EndSub
```

「固定値」は
多用しない方が
吉とされています

これは「仕様」です
「爆発」とngの加
算が落下の仕方で変
化。これもゲーム性
として……

```
Sub don
donr=0
For doni=0 to 18

x=Math.sin(Math.GetRadians(donr))*donl

y=Math.cos(Math.GetRadians(donr))*donl
  Shapes.ShowShape(don[doni])
  Shapes.Move(don[doni],donx+x,dony+y)
  donr=donr+20
EndFor
donl=donl+30
If donl>200 Then
  donflg=0
  For doni=0 To 18
    Shapes.HideShape(don[doni])
  EndFor
  donl=0
EndIf
EndSub

Sub jump
  If Mouse.IsLeftButtonDown="true" then
  kwait=kwait+1
  If kwait>3 then
    kwait=0
    If kzmax<5 Then
      kzm
    EndIf
  EndIf
else

kz=1+Math
ax
  If kzmax>0 then
    kr=kr+10
  Else
    kx=GraphicsWindow.MouseX
    ky=GraphicsWindow.MouseY
  EndIf
  If kr>180 then
    kr=0
    kzmax=0
  EndIf
  Shapes.Zoom(kyara,kz,kz)
  Shapes.Move(kyara,kx,ky)
EndIf
EndSub
```

「ウエイト」
手動ウエイトも重要に
なるときがあります

悩んだら、とにかく書いて
テストするのが上達の
秘訣だって……。
変数やサブルーチン名
は自由に決めるんだよ。

```
Sub init
GraphicsWindow.DrawResizedImage(path+"tikyuu.jpg",0,0,800,600)
ng=0
over=30
ok=0
clr=10
donflg=0
kzmax=0
kwait=0
kr=0
kx=400
ky=300
kyara=Shapes.AddImage(path+"kyara.png")
donx=0
dony=0
cnt=2
spd=6
For i=0 to cnt
  ins[i]=Shapes.AddImage(path+"inseki.png")
EndFor
insekiset()
For i=0 To 5
  lv[i]=Shapes.AddRectangle(50,110)
  Shapes.Move(lv[i],750,600-i*120)
EndFor
For i=0 to 18
  don[i]=Shapes.AddEllipse(30,30)
  Shapes.HideShape(don[i])
EndFor
EndSub

Sub level
For li=0 To 5
  If kzmax>=li Then
    Shapes.ShowShape(lv[li])
  Else
    Shapes.HideShape(lv[li])
  EndIf
EndFor
EndSub

Sub title
moji="地球防衛隊"
mojikaku()
EndSub
```

png（ピング）と jpg（ジェーペグ）
劣化しないけどファイル**サイズ大**がピング。**劣化する**けどファイル**サイズ小**はジェーペグ画像だよ

イニシャライズ部分
本当はもっと秩序だてて書くと、あとの改良や管理がやりやすく

レベル表示とタイトル
シンプルな表示と中身。
これに凝れば、もっとスゴイものができあがるよ。

ミッション3

131

まぁ動いて「完成＆完結」
しているからＯＫ？

```
Sub mojikaku
x=100
y=230
For i=1 To Text.GetLength(moji)

t[i]=Shapes.AddText(Text.GetSubText(moji,i,1))
   For z=20 To 1 Step -1
     Shapes.Move(t[i],x+i*80,y)
     Shapes.Zoom(t[i],z,z)
     Program.Delay(20)
   EndFor
EndFor
While Mouse.IsLeftButtonDown<>"true"
   Program.Delay(100)
EndWhile
For i=1 To Text.GetLength(moji)
     Shapes.Remove(t[i])
EndFor
EndSub
```

だよ〜〜♪
未完成はダメ。

ちょっとした
ソフトでも「完成」させる
ことが大事だよ。

ミッション4
最後の仕上げは 3DCG!!!
「お仕事」「ゲーム」「理解」の実用編

「今は自動で 3DCG なんて……」
そうですね。ですがそれはこの「Small Basic」を体験しないで、いきなりプログラミングの達人を狙うようなもの。
基本の基本がわかっていなければ、せっかくの 3DCG へ新しいアイディアをそそぎこむことなど、できません。そもそも 3D（3 次元・立体的）な CG って、どうやって設定やら作成やらされているの？

はい。最終ミッションの出番です！
「ファイル」も使って他のソフトとの連携まで体験していきます。
このミッションで、あなたは学んだすべてを出し切れるか──!?

イロイロなファイルを読むから遅い

ソフトやアプリって必要なファイルをたくさん読みこむから起動が遅いのかな？

一部は当たり。絵のファイルを読みこんだりしたよね。どうしていきなり？

う〜〜ん。

そう。ソフトやアプリは**場合によって数十〜数百個ものファイル**を読みこみます。
準備に時間がかかるのですが、絵を変えれば見た目もガラッと変えられるなど、**いい点が多いため、**そんな形になりました。

職人さんにお願いして、あなたの形を「数値化」してもらっていたの。線を引いていけば、3DCGで姿を画面に表示できるかなって

す、数値化……？
うれしいけど、なんか怖い気もするな。

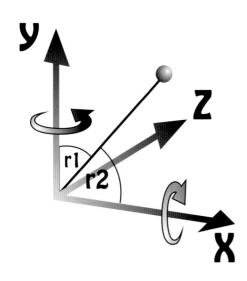

座標のお話はしました。
ちょっと特殊なのがZ座標というもの。奥行きの度合いを数値で示します。

前の「ゲーム」では奥行き（拡大縮小）がありました。
ですが本当の3Dで活用できる、3次元のZ座標計算はしていません。

角度もたとえばr1、r2のように、ふたつ「使え」ます。

すると拡大縮小から、もっとすごくて
**物をさまざまなアングル（方向）から
眺められます＆動かせます!!!**

Windows「メモ帳」を画面に出そう

左下のボタンをクリックしてメニューを出します（うまく出ないときは左上の「≡」ボタンをクリック）。
「すべてのプログラム」、バーを下げていき、メニューの**「Windows アクセサリ」**や**「アクセサリ」をクリック**です。

さらにメニューが出るので、その中の**「メモ帳」をクリック**すれば、カンタンな文字入力のソフトが画面に出ます。

クリックすれば**カーソル**「｜」が出るので、入力はバッチリです。

文字しかあつかえない「メモ帳」は**「テキスト・エディタ」**とも呼ばれています。
文字列＝テキスト。

「ドラゴン」のデータを入力しましょう！

こ、これがボクの「座標データ」かぁ。
少し長いけれど、がんばってね♪
ありがとう！

```
'kao
500,0,0,  0,66,99,  21,96,30,  0,81,69,  -21,96,30,  0,66,99,
'karada
500,0,0,  0,66,99,  0,81,69,  0,66,30,  0,75,-3,  0,60,-114,
'te
500,0,0,  12,51,45,  9,57,42,  0,63,27,  -9,57,42,  -12,51,45,
'asi
500,0,0,  21,45,0,  15,57,-27,  0,72,-3,  -15,57,-27,  -21,45,0,
'tubasa
500,0,0,  0,66,30,  60,90,54,  150,141,-12,  45,96,6,  0,75,-3,
-45,96,6,  -150,141,-12,  -60,90,54,  0,66,30,  9999
```

入力できたら、「ファイル」をクリックして
「保存」しなきゃね！

```
📄 無題 - メモ帳

ファイル(F)   編集(E)   書式(O)   表示(V)   ヘルプ(H)

'kao
500,0,0,  0,66,99,  21,96,30,  0,81,69,  -21,96,30,  0,66,99,
'karada
500,0,0,  0,66,99,  0,81,69,  0,66,30,  0,75,-3,  0,60,-114,
'te
500,0,0,  12,51,45,  9,57,42,  0,63,27,  -9,57,42,  -12,51,45,
'asi
500,0,0,  21,45,0,  15,57,-27,  0,72,-3,  -15,57,-27,  -21,45,0,
'tubasa
500,0,0,  0,66,30,  60,90,54,  150,141,-12,  45,96,6,  0,75,-3,
-45,96,6,  -150,141,-12,  -60,90,54,  0,66,30
```

XYZ座標3つで示す、頂点の座標

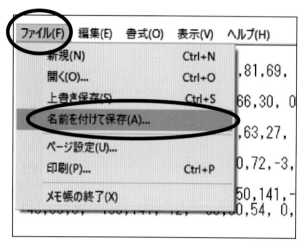

今回は「Small Basic」のいつものフォルダ内に「4」フォルダを作って保存しましょう。

ファイル名は「dragon」とします。

保存ができたら、**「メモ帳」は終了**してかまいません。

> 数値は3個でひとつの頂点（場所）を示しています。
> （X座標，Y座標，Z座標）という具合です。

①ひとつ目の頂点と、ふたつ目の頂点の間を線で引く。
②ふたつ目とみっつ目の頂点の間を線で引く――を繰り返して「ドラゴン」の形を描くのですが……。

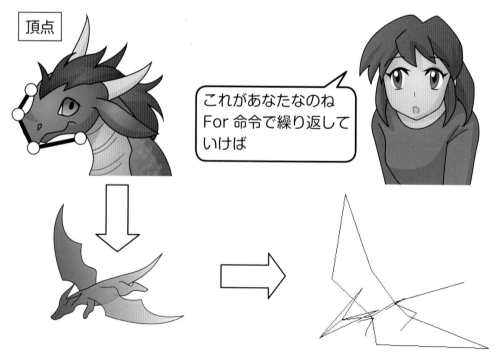

頂点

これがあなたなのね
For命令で繰り返していけば

「ファイル操作」も怖くない !!!

表示できて動かせる！
これが目標よ

……うれしいなぁ。
あつかいが難しいけど、大丈夫??

「Small Basic」を画面に出して、お約束ともいえる部分を書いたところで、手がとまりました。

```
1  GraphicsWindow.Width=800
2  GraphicsWindow.Height=600
3  GraphicsWindow.BackgroundColor="white"
4  GraphicsWindow.BrushColor="black"
5  GraphicsWindow.PenWidth=3
6
7  path=File.GetSettingsFilePath()
8  path=path+"..\..\"
9
```

色は黒

線の太さは「3」に設定

¥キーで出します

ファイルのある場所を正確に求めてpathへ代入でした

い、いきなり不安だな……。

絵以外のファイルのあつかい方がまだわかっておりませ～ん

「File」クラス
ReadContents…ファイル全体をまとめて変数へ読みこむ（返す）。
ReadLine…ファイルを1行だけ変数へ読みこむ（返す）。

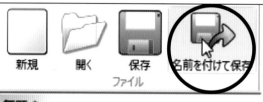

「4」フォルダにプログラムも保存しないと「パス」不明でファイルは読みこめません。

まず、ファイル名 **「drg」** などと **保存して** ください。

入力したファイルを全部、読みこみ変数 data へ

入力したファイル。拡張子「.txt」はテキストファイルのしるし 文字だけのファイル

```
data=File.readContents(path+"dragon.txt")
GraphicsWindow.DrawText(0,0,data)
```

これを追加して……

Data の内容を XY 座標 0,0 の位置に文字表示。

「実行」すると!?

ドーン!!!

```
'kao
500,0,0, 0,66,99, 21,96,30, 0,81,69, -21,96,30, 0,66,99,
'karada
500,0,0, 0,66,99, 0,81,69, 0,66,30, 0,75,-3, 0,60,-114,
'te
500,0,0, 12,51,45, 9,57,42, 0,63,27, -9,57,42, -12,51,45,
'asi
500,0,0, 21,45,0, 15,57,-27, 0,72,-3, -15,57,-27, -21,45,0,
'tubasa
500,0,0, 0,66,30, 60,90,54, 150,141,-12, 45,96,6, 0,75,-3,
-45,96,6, -150,141,-12, -60,90,54, 0,66,30, 9999
```

入力した内容が **そのまま表示** されました。

これでたとえばソフトやアプリの「説明」など、表示すればよさそうですが……！

数値をひとつひとつ取り出して、変数に代入しないと **計算も何もできない** わね。たとえば、
x=500、y=0、z=0 みたいに……。

140 ミッション4 最後の仕上げは3DCG!!! 「お仕事」「ゲーム」「理解」の実用編

文字をあつかうプロ「Text」クラス

数値を区切る「,(カンマ)」は目印にできない？

それよ!!!

まず区切りとなる「,」を探させましょう。

そしてその分だけ（「,」まで）の文字にできたら……。
さっそく試してみます。

「Text」クラス
GetIndexOf…指定した文字が最初から何文字目にあるか、値を返す。
GetSubText…指定位置の文字から指定分だけ文字を切り出す。

data から**「,」を探し、最初に出てきた文字番目**を e へ代入。なければ「0」。

```
data=File.readContents(path+"dragon.txt")
e=Text.GetIndexOf(data,",")
GraphicsWindow.DrawText(0,0,Text.GetSubText(data,1,e-1))
```

文字の最初**「1」文字目**から、「,」のあった **e 文字目**まで表示。e-1 なのは、**取り出しは「,」の 1 つ前まででいいから**。

「実行」すると!?

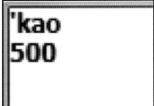

数値以外はジャマね。
コメント文には「,」がない。値は 0 になる。
そんな行を飛ばすようにするには……。

ミッション4

ファイルを1行ずつ読みこめば「0」だったとき、飛ばして次の行を読みこませればいいのです。
必要なのは「,」で区切られた数値のデータだけですから。

むちゃすると実行中にも「エラー」が出ます。どうやら「,」がなく e=0 なのに、点線部分で **-1 したため「文字の長さ」**がマイナスに。

同じ変数に同じ変数の違う値の代入 OK

これの意味、わかりますか？
data へ data の最初の e+1 文字分、消した内容を代入する、です。

```
data=Text.GetSubTextToEnd(data,e+1)
```

「,」のある位置 +1 は 4。

500,0,0, 0,66,99, 21,96,30, 0,81,69, -21,96,30, 0,66,99,

↓（4 文字削除した内容）

0,0, 0,66,99, 21,96,30, 0,81,69, -21,96,30, 0,66,99,

今度は「,」のある位置 +1 は 2。

↓（2 文字削除した内容）

0,66,99, 21,96,30, 0,81,69, -21,96,30, 0,66,99,

500

0

0

「繰り返して」やれば、どんどん数値を取り出していけますね。

2 行目

1000 回もループさせれば十分

```
c=2
data=File.ReadLine(path+"dragon.txt",c)
For lp=0 To 1000
e=Text.GetIndexOf(data,",")
GraphicsWindow.DrawText(0,lp*10,Text.GetSubText(data,1,e-1))
data=Text.GetSubTextToEnd(data,e+1)
EndFor
```

文字を書く Y 座標を lp*10

取り出した数値と「,」だけ消して、ふたたび data へ代入

「実行」すると!?

```
500
0
0
66
99
21
96
30
81
69
-21
96
30
66
99
```

ほらほら見て！
数値だけ取り出せたよ。
ファイルの終わりまで
「繰り返し？」

そうですね。ループさせればすべての
数値を取り出せますね。
さて、**大量の数値データをまとめて、
あつかいたいとき**、どうしたらいい？

> もちろんマンションの部屋番号みたい
> にして使える**配列変数**！
> karada[番号] へ数値を入れていく♪

> 配列変数 karada[番号] へ
> **取り出した数値を代入**

> eが0より
> 大きい場合
> （エラー処理）

```
e=Text.GetIndexOf(data,",")
If e>0 Then
  karada[cc]=Text.GetSubText(data,1,e-1)
  data=Text.GetSubTextToEnd(data,e+1)
  cc=cc+1
EndIf
```

> 配列変数の番号を +1
> 最初に番号は 0 に設定

あとはファイル（テキスト）の終わりまで
「**無限ループ**」でしょうか？？
でも無限ループでは「次」に進まない！

フフフ。
オレの復活か！？

脱出命令の復帰を命ず！！！

追放された「Goto」命令の復活

なんだか怖いよぉ～～！

（無所属）
Goto…ラベル名： で指定した場所へ「流れ」むりやりジャンプさせます。

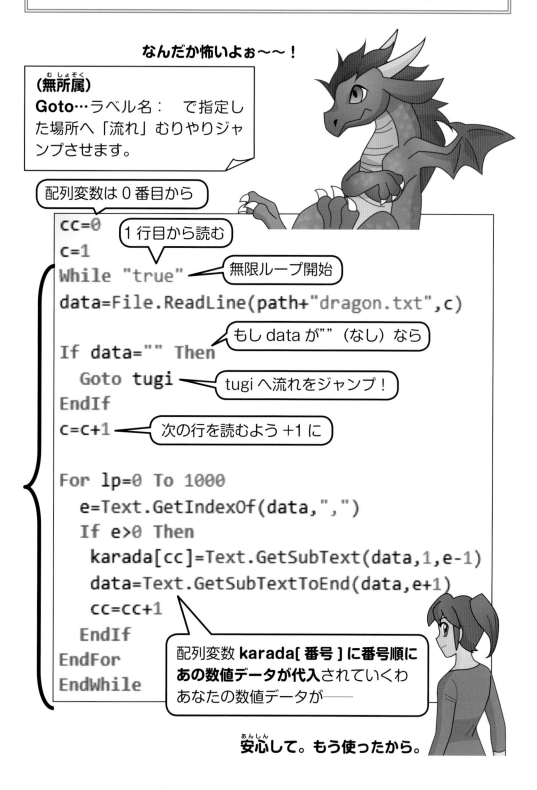

配列変数は0番目から

```
cc=0
c=1
While "true"          ← 1行目から読む / 無限ループ開始
data=File.ReadLine(path+"dragon.txt",c)

If data="" Then       ← もし data が""（なし）なら
    Goto tugi         ← tugi へ流れをジャンプ！
EndIf
c=c+1                 ← 次の行を読むよう +1 に

For lp=0 To 1000
    e=Text.GetIndexOf(data,",")
    If e>0 Then
      karada[cc]=Text.GetSubText(data,1,e-1)
      data=Text.GetSubTextToEnd(data,e+1)
      cc=cc+1
    EndIf
EndFor
EndWhile
```

配列変数 **karada[番号]** に番号順に**あの数値データが代入**されていくわ
あなたの数値データが――

安心して。もう使ったから。

「実行」すると!?

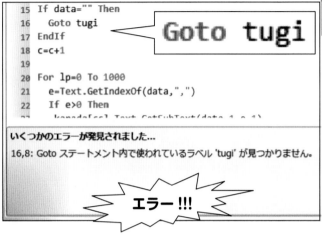
エラー!!!

あれれ。エラーが出ました。
でも落ちついて。

Goto 命令で「tugi」へジャンプしろ、としているのに「**tugi**」こと「**ラベル名**」を書いていません。

ラベル
abc: のように見出しを書く
「:」は「コロン」
最後にコロンを付ける

無限ループの末尾
ラベル「tugi:」を追加

「流れ」がここへ来たか**確認用**に「ok」と表示

「実行」すると!?

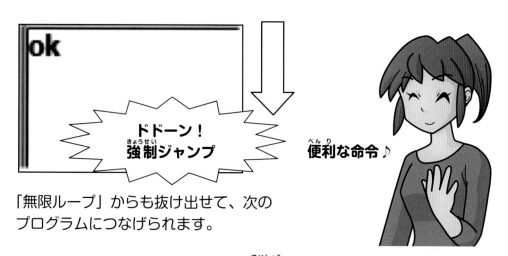

「無限ループ」からも抜け出せて、次のプログラムにつなげられます。

ところがこの命令はあまり推奨されません。どうして？

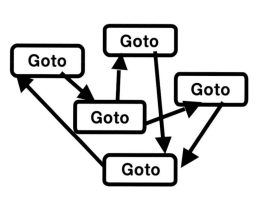

プログラムの「流れ」が見づらくなり、「判定」も「条件」もなく**ジャンプしまくり**ます。

どこまでも「汚い」プログラム、そう通称**「スパゲッティ・プログラム」**になってしまうから。
使うときは**「適度」にどうぞ！**

本当は便利なんですが……。

（応用編）じゃあ「Goto」を使わないようにするには？
「無限ループ」ではなく**条件付きループ**にすることです。

```
c=1
While c<1000
data=File.ReadLine(path+"dragon.txt",c)
c=c+1
```

ファイルの読みこみが1000行以下ならループ。**読んだらループ終了**

こんなふうに書くと**「論理的」**かもしれません。
ですがプログラムは「動いてこそ」ですから……！

データの「終わり」は？　やはりフラグ

前にもあつかいました「フラグ」。
実はプログラム上だけのお話ではありません。配列変数 karada に数値データを代入していきましたが、**データの「終わり」はどこ？**

```
tugi:
karada[cc]=9999
GraphicsWindow.DrawText(0,0,"ok")
```

karada の最後の番号に 9999 を入れたね。
そう、こんな目印があれば、ボクらはデータが「終わりだぁ」って判定できるよ。

```
500,0,0, 0,66,99, 21,96,30,
'karada
500,0,0, 0,66,99, 0,81,69, 0,
'te
500,0,0, 12,51,45, 9,57,42,
'asi
500,0,0, 21,45,0, 15,57,-27,
```

数値データには「500」
というものも、まじっていました。

飛び抜けた異端な数値ですから、**これも何かの「フラグ」**で、きっと処理するのでしょう。

問題）数値は「3つ」でひとつの座標、X,Y,Z を現していました。うまく「3つ」ずつ、配列変数内の数値を取り出していくには？

3DCGでは3つで「ひとつ」

これで
ひらめく？

3の倍数おきに
X座標の値が
繰り返しくるから……

★ポイント部分をイメージすると…

0			3			6			
X	Y	Z	X	Y	Z	X	Y	Z	…9999

0 * 3　　1 * 3　　2 * 3　　番号 * 3

```
tugi:
karada[cc]=9999
For lp=0 To 999
   xx=karada[lp*3]
   yy=karada[lp*3+1]
   zz=karada[lp*3+2]
   moji=xx+","+yy+","+zz
   GraphicsWindow.DrawText(0,lp*10,moji)
EndFor
```

終わり「フラグ」代入。

★ポイント！

3つの数値を
並べて表示用

ループさせ
表示する

10おきに
これと同じ
発想でした

**部屋番号の指定は、lp * 3と
してやるのが正解**だったのです。

ミッション4

名探偵!? 「500」の謎を解く

くるくる程度なら、**ひと筆書き（1回も区切らない）**で描けます。
ですが「**3D のドラゴン**」を描くのは難しいです。なので、**そのための工夫が「あの数値データ」**にはあります。

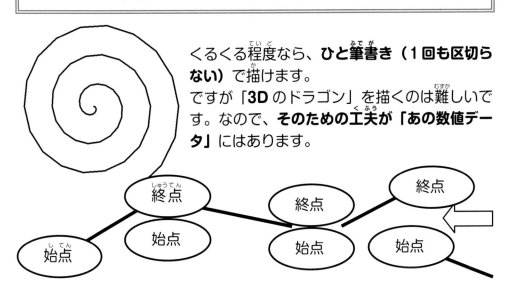

線は始点から終点、そして終点を始点にして、また次の線を、……と**繰り返して描いて**いきます。
たとえば**始点 (xb,yb)** から**終点 (nx,ny)** まで線を描きます。そのとき、xb=nx と yb=ny としておけば、終点を次の「始点」にできます。

終点と始点が**切れているところ、変わっているところ**がありますね。

500 はデータの区切りで、**始点を改める「フラグ」**よ、きっと！

だね♪

3Dの基本。アフィン変換と透視変換

現在は「3Dエンジン」や「ゲームエンジン」などと呼ばれるものを使って、**3DCGはあつかわれています。**
ですが、「こうすれば使える＆計算する」と「関数」が用意されていても、ほとんど「ブラックボックス」で中身は……

公式ですね

元の座標が (xx,yy,zz) でしたら、まず**表示アングル計算**用の変数 x1,y2,z1 を使います。角度の変数は r1 と r2 とします。次に、**以下の方程式を当てはめます**。角度はラジアンへ変換。

```
x1 = xx*cos(r1*3.14/180)+zz*-sin(r1*3.14/180)
z1 = xx*(sin(r1*3.14/180))+zz*cos(r1*3.14/180)

y2 = yy*(-cos(r2*3.14/180))+z1*sin(r2*3.14/180)
z1 = yy*sin(r2*3.14/180)+z1*cos(r2*3.14/180)
```

これで、**座標を r1 度、r2 度と、軸を基点に回転**させられます。

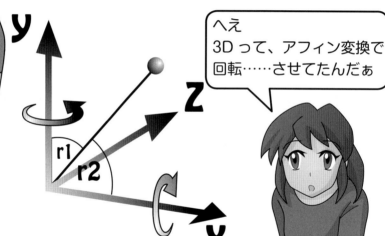

へえ
3D って、アフィン変換で回転……させてたんだぁ

「**透視変換**」は Z 座標で X,Y 座標を**割れば実現**できます。
ですが、通常は値を調整して、

```
x1=x1*500
y2=y2*500        ←座標を 500 倍
nx=x1/(z1+500)   ← +500 した Z の値で割る
ny=y2/(z1+500)
```

……などとします。これで 3 次元の座標を、**X と Y 座標の 2 次元平面に変換**できます。**変数 nx,ny の活用**もお忘れなく。

難しい式もラクラク

① 3次元のもの（一般に「オブジェクト」といいます）を動かすには、**(X座標, Y座標, Z座標)** を方程式で回転させ実現します。

② 「3次元」(3つの座標)を「2次元」**(2つの平面座標)** に変えるには、「**透視（とうし）変換**」（やはり数学の公式）を使います。

スゴそうな式だけど

変にいじらないで「追加」してやればOKよね♪

```
r1=90
r2=90        ← 角度2つ追加
loop:
For lp=0 To 999
  xx=karada[lp*3]
  yy=karada[lp*3+1]
  zz=karada[lp*3+2]
  If xx=9999 Then
    Goto loop
  EndIf
  x1=xx*Math.Cos(r1*3.14/180)+zz*-Math.Sin(r1*3.14/180)
  z1=xx*(Math.Sin(r1*3.14/180))+zz*Math.Cos(r1*3.14/180)
  y2=yy*(-Math.Cos(r2*3.14/180))+z1*Math.Sin(r2*3.14/180)
  z1=yy*Math.Sin(r2*3.14/180)+z1*Math.Cos(r2*3.14/180)

  x1=x1*500
  y2=y2*500
  nx=x1/(z1+500)
  ny=y2/(z1+500)
  GraphicsWindow.DrawLine(nx,ny,xb,yb)
  xb=nx
  yb=ny
EndFor
```

「アフィン変換」の公式そのまま置き換え追加

「透視変換」置き換え追加

nxとnyに変更。両方とも忘れずに

数学の座標とパソコンの座標の違い

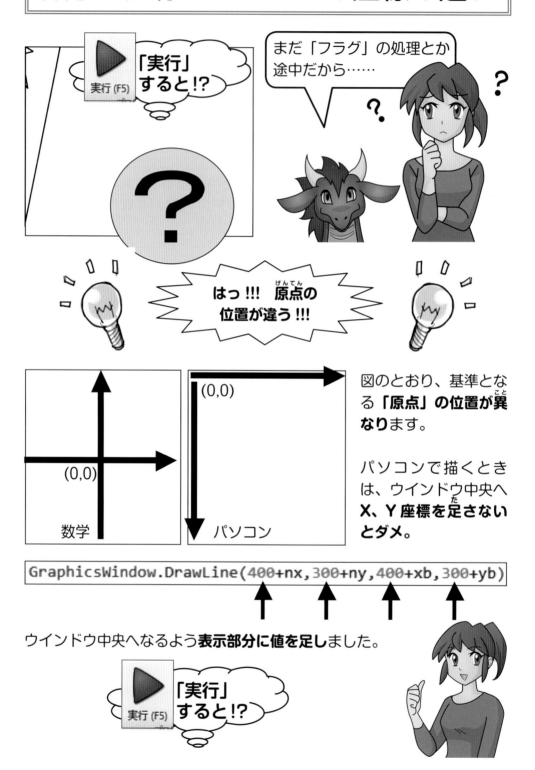

強制ループで「500」フラグを突破!!!

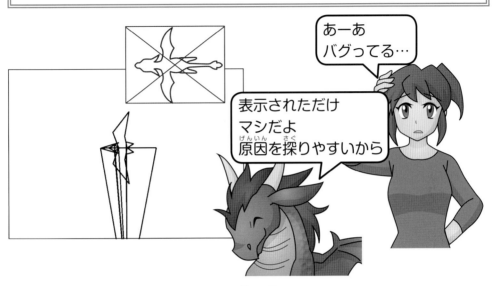

値が「500」だったときは、**始点の切り替え**です。
値を保存する**「変数 xb,yb に、新しい始点 nx,ny を代入」**させねばなりません。始点を変えるには……。

①変数 flg=0 と初期化
②ラベル loop2: を作る。
③ IF xx=500 Then
   flg を 1 に、lp も +1 して
   Goto で loop2 へ。
   そして関数の後半に
④ If flg<>0 Then
   xb=nx と yb=ny をして、
   flg を 0 とし、
   新しい始点の座標を代入する。

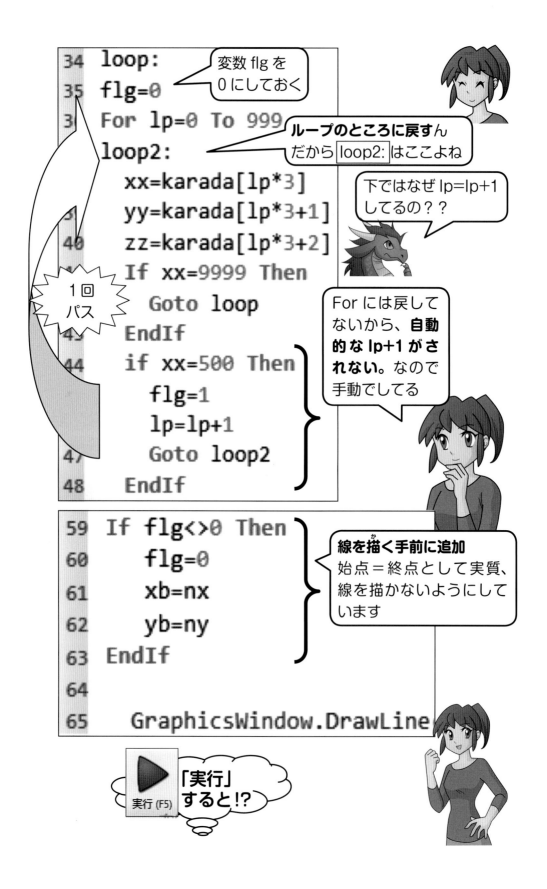

「キー操作」の「イベント発生!!!」

考え方次第で結果がガラっと変わるのねぇ

ボクをもっと自由にして♪ 角度の変数r1とr2の値をキーボードのキーで変えられるようにして「雄姿」を見てほしいなぁ

「GraphicsWindow」クラス
KeyDown…キーボードのキーが押されたとき「イベント」を発生。ジャンプ先は設定可。
LastKey…最後に押されたキーが何か、返す。

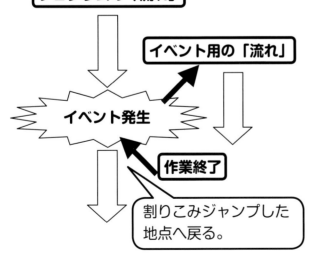

イベント=「割りこみ」と考えてください。

実行中に「突然発生!!!」

なら、処理をする部分に「流れ」がジャンプします。そう、「サブルーチン」と基本は同じ。

何かされたらジャンプ！

ミッション4

```
34  GraphicsWindow.KeyDown = key
35  loop:
36  Program.Delay(100)
```

> キーが押されたら **Sub** で作った **key** へジャンプ！

> たぶん速すぎるので「ウエイト」。loop2:　のところではなし。メインループは loop: ですから

キーが押された ときのジャンプ先「サブルーチン」。

```
73  Sub key
74  If GraphicsWindow.LastKey = "Right" Then
75    r1 = r1 + 10
76  EndIf
77  If GraphicsWindow.LastKey = "Left" Then
78    r1 = r1 - 10
79  EndIf
80  If GraphicsWindow.LastKey = "Up" Then
81    r2 = r2 + 10
82  EndIf
83  If GraphicsWindow.LastKey = "Down" Then
84    r2 = r2 - 10
85  EndIf
86  EndSub
```

実行 (F5)

「実行」すると!?

160　ミッション4　最後の仕上げは3DCG!!!　「お仕事」「ゲーム」「理解」の実用編

「キー」は"名前"で指定します

```
loop:

Program.Delay(100)
GraphicsWindow.Clear()
```

正解は「ウエイト」のあとでした。
消した状態で「ウエイト」したら**画面は表示なしで待たされる**ことに!!!

これで準備できました！
A〜Zキーなどはそのまま**"A"**と書けば指定できますが、ちょっと変わったものもあります。
念のため、見ておきましょう。

```
F1〜F12   ⇒   "F1"〜"F12"
1〜0      ⇒   "D1"〜"D0"
スペース   ⇒   "Space"
Enter     ⇒   "Return"
Tab       ⇒   "Tab"
Esc       ⇒   "Escape"
```

「割りこみ」を発生させる「Timer」

先ほど「イベント」についてみて体験しましたが、こんな**イベントを定期的にわざと発生させる機能**があります。

「Timer（タイマー）」です。

> 「Timer」クラス
> Interval…イベントを起こす間隔を設定。
> Tick…ジャンプ先を設定する。
> Pause…一時停止させる。
> Resume…再開させる。

ゲームでは1秒ごとにカウントダウンさせる処理や、敵の出現を調べるなど。「お仕事」では定期的に何かの状態を調べる、などイロイロな場面で使われています。**別名「タイマー割りこみ」。**

```
Timer.Interval=100
Timer.tick=utyuu
```

プログラムの末尾に「utyuu」を追加です。

> ミリセカンドで設定できる
> **ジャンプ先は「utyuu」**
> にしようっと

```
 98  Sub utyuu
 99  For d=0 to 100
100    hz[d]=hz[d]-40
101    If hz[d]<40 Then
102      hz[d]=500
103    EndIf
104  EndFor
105  EndSub
```

> **星の奥行き hz[d] を減らし手前に来させてる**
> 手前すぎたらまた奥行き500へ
> Z座標の操作よ

いちばんシンプルな1点透視法

「実行」すると!?

何も起きないわ。だって**星々を表示す るソースコードを実装**（書いて動かす） してないから

なんだか神がかってきていない？

3つのXYZ座標を「透視変換」で、**平面のXY座標**に、それもパソコン があつかう座標（原点の位置が「数学」と違う）にしないと！

同じ方法が使えます。星の数（番号）だけループ させてください。

```
x=hx[(番号)]*500
y=hy[(番号)]*500
xx=x/(hz[(番号)]+500)
yy=y/(hz[(番号)]+500)
```

←座標を500倍
← +500したZの値で割る
　　（0で割り算しないように）

ミッション4

設定した時間ごとに、タイマー割りこみが発生します。サブルーチン（関数）へジャンプし、Z座標の値はどんどん変わっています。

ソフトやアプリはたくさんの**外部ファイル（dragon.txt や絵）みたいなものを読みこんで、カタチ**にし動いています。

そのとき、**ソースコードを読みこみながら実行する方式を「インタプリタ」**、あらかじめソフトというカタチにしておいて実行させるものを**「コンパイル」型**のプログラミング言語と呼び、**区別**します。

「Small Basic」はインタプリタ型です。
ウェブページの HTML **言語**などもそう。

で、実行結果は……!?

ミッション4のプログラムです

```
 1  GraphicsWindow.Width=800
 2  GraphicsWindow.Height=600
 3  GraphicsWindow.BackgroundColor="white"
 4  GraphicsWindow.BrushColor="black"
 5  GraphicsWindow.PenWidth=3
 6
 7  path=File.GetSettingsFilePath()
 8  path=path+"..\..\"
 9
10  For i=0 To 100
11  hx[i]=-400+Math.GetRandomNumber(800)
12  hy[i]=-300+math.GetRandomNumber(600)
13  hz[i]=math.GetRandomNumber(500)
14  EndFor
15  Timer.Interval=100
16  Timer.tick=utyuu
17
18  cc=0
19  c=1
20  While "true"
21  data=File.ReadLine(path+"dragon.txt",c)
22  If data="" Then
23    Goto tugi
24  EndIf
25  c=c+1
26  For lp=0 To 1000
27    e=Text.GetIndexOf(data,",")
28    If e>0 Then
29     karada[cc]=Text.GetSubText(data,1,e-1)
30     data=Text.GetSubTextToEnd(data,e+1)
31     cc=cc+1
32    EndIf
33  EndFor
34  EndWhile
35  tugi:
36  karada[cc]=9999
37  r1=90
38  r2=90
39  GraphicsWindow.KeyDown = key
```

よろこんでもらえて、あたしもうれしい♪

でも今回はほとんどサブルーチン化しなかったわ問題ね

ファイルから数値を読むココは、改造してサブルーチン化すると便利かも

168　ミッション4　最後の仕上げは3DCG!!!　「お仕事」「ゲーム」「理解」の実用編

メインループ開始地点

難しそうな式も正直に書いてみれば、活用できるってわかったわ!!!

線じゃなく「点」でいいなら「**GraphicsWindow. SetPixel」命令**を使うといいよ〜〜

```
41  loop:
42  Program.Delay(100)
43  GraphicsWindow.Clear()
44
45  For d=0 to 100
46   x=hx[d]*500
47   y=hy[d]*500
48   xx=x/(hz[d]+500)
49   yy=y/(hz[d]+500)
50   GraphicsWindow.DrawEllipse(400+xx,300+yy,3,3)
51  EndFor
52
53  flg=0
54  For lp=0 To 999
55  loop2:
56    xx=karada[lp*3]
57    yy=karada[lp*3+1]
58    zz=karada[lp*3+2]
59    If xx=9999 Then
60      Goto loop
61    EndIf
62    if xx=500 Then
63      flg=1
64      lp=lp+1
65      Goto loop2
66    EndIf
67    x1=xx*Math.Cos(r1*3.14/180)+zz*-Math.Sin(r1*3.14/180)
68    z1=xx*(Math.Sin(r1*3.14/180))+zz*Math.Cos(r1*3.14/180)
69    y2=yy*(-Math.Cos(r2*3.14/180))+z1*Math.Sin(r2*3.14/180)
70    z1=yy*Math.Sin(r2*3.14/180)+z1*Math.Cos(r2*3.14/180)
71    x1=x1*500
72    y2=y2*500
73    nx=x1/(z1+500)
74    ny=y2/(z1+500)
75  If flg<>0 Then
76      flg=0
77      xb=nx
78      yb=ny
79  EndIf
80    GraphicsWindow.DrawLine(400+nx,300+ny,400+xb,300+yb)
81    xb=nx
82    yb=ny
83  EndFor
```

ミッション4

```
 85  Sub key
 86  If GraphicsWindow.LastKey = "Right" Then
 87    r1 = r1 + 10
 88  EndIf
 89  If GraphicsWindow.LastKey = "Left" Then
 90    r1 = r1 - 10
 91  EndIf
 92  If GraphicsWindow.LastKey = "Up" Then
 93    r2 = r2 + 10
 94  EndIf
 95  If GraphicsWindow.LastKey = "Down" Then
 96    r2 = r2 - 10
 97  EndIf
 98  EndSub
 99
100  Sub utyuu
101  For d=0 to 100
102    hz[d]=hz[d]-40
103    If hz[d]<40 Then
104      hz[d]=500
105    EndIf
106  EndFor
107  EndSub
```

両方とも「イベント発生」でジャンプしてくるところ
気をつける点は、**同じ変数名が使われていて「衝突」すること**かな？
元の「流れ」に戻ったとき、たいへん！
少し変わった名前を使うのもいいかも

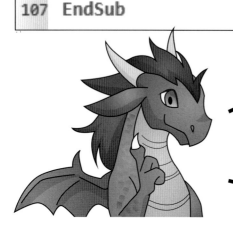

そうだね！
ボクは混乱しやすいから

おめでとうございます!!! 修了です

教科書とひと味違った **「体験学習」** はいかがでしたか？

プログラミングの基本の基本だけではなく、理知的な **「考え方のトレーニング」** にもなっています。
これは文章やレポートを書いたり、ものづくりしたりする場面でも**必ず役立ち**ます。

もちろん**「2020年からプログラミングが小学校で必修化」**になった今！
とにかくさわって動かして、雰囲気をマスターしているのといないのとでは、**「大きな差」** が出てきます。

あとは探究心と冒険心で、もっともっと知識を取りこんでいってください。
パソコンやタブレットはさまざまな「目的」に応えてくれますから——。
長丁場、おつかれさまでした！

ソフトを他の機械で動かす方法

まず実行形式と呼ばれる、**exe（エグゼ）ファイルは必須**です。
保存するときに、**「フォルダ」を作りましたね。**
1回でも「実行」すれば、exeファイルが作られます。

作った絵のファイルやデータのファイルも必要です。

そして忘れてはダメなのは
SmallBasicLibrary という
dll（補佐機能）ファイルです

これらをひとつのフォルダにまとめ、「USBメモリ」などへコピー。
他の機械でフォルダを開きます。
（ネットでの掲示もこのセットをまとめて）

そして**実行形式のファイルをダブルクリック（クリック）**すれば……!!!

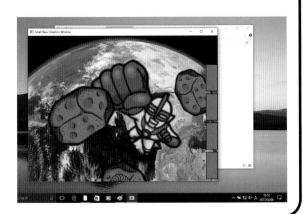

★ふろく★ 大文字、小文字、記号、日本語の入力方法

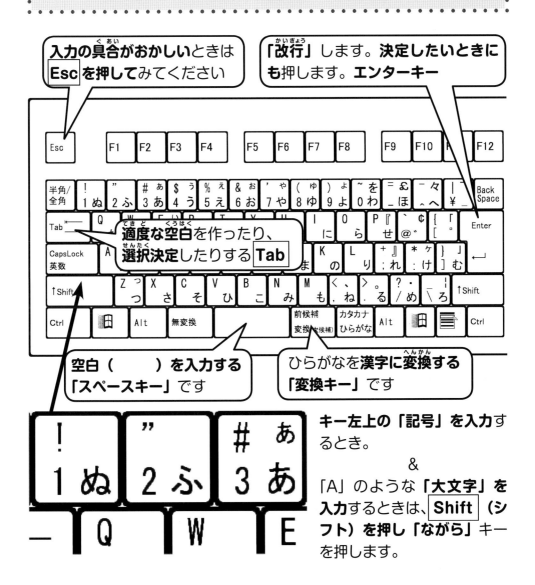

入力の具合がおかしいときは Esc を押してみてください

「改行」します。決定したいときにも押します。エンターキー

適度な空白を作ったり、選択決定したりする Tab

空白（　　）を入力する「スペースキー」です

ひらがなを漢字に変換する「変換キー」です

キー左上の「記号」を入力するとき。

&

「A」のような「大文字」を入力するときは、Shift（シフト）を押し「ながら」キーを押します。

日本語とアルファベット入力を切り替えるときは、左上の　を押してください。
うまくいかないときは、下部の Alt を押し「ながら」試してください。

ソースコードは半角のアルファベットでの入力です!!!

★ふろく★ 背景を「透過（透明）」にする方法

画像をあつかう専門ソフトでできるのですが、カンタンな方法をご紹介します。インターネットで以下のページを表示させてください。

http://www.peko-step.com/tool/alphachannel.html

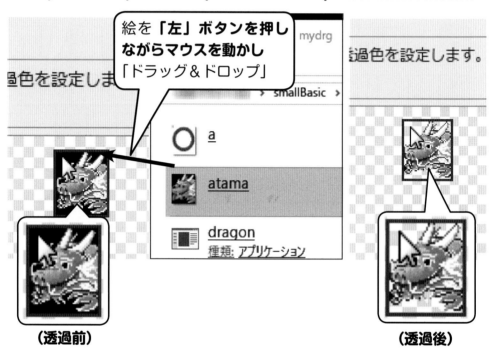

（透過前）　　　　　　　　　　　　　　　　　　　　　　　　（透過後）

フォルダの絵をウェブページの画面まで「ドラッグ」します。そして**「透過（透明）」したいところをクリック**します。
あとは**「元々保存していた場所」**へ**「上書き保存」**です。絵の上で**「右」クリッ**クしてください。上書きは**「はい」**をクリック。

174　★ふろく★

★ふろく★ 「Small Basic」をパソコンへセット!!!

**この作業はセットされていないパソコンで、
最初に1回だけ行ってください。**

インターネットで以下のページを表示させます。

https://www.microsoft.com/ja-jp/download/details.aspx?id=46392

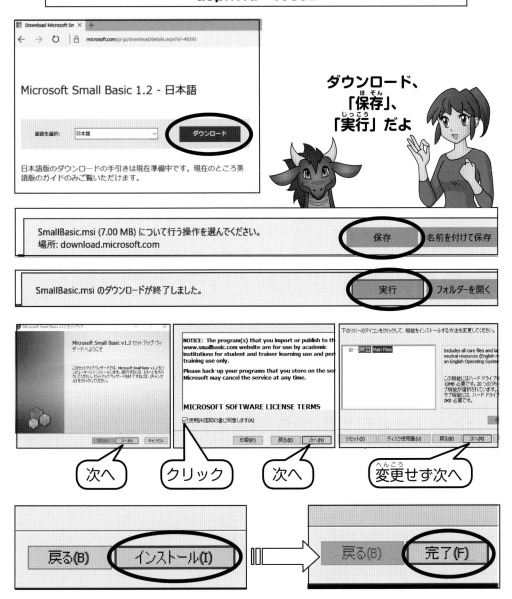

米村貴裕（よねむら・たかひろ）

1974年　横浜生まれ
2001年　近畿大学在学中に有限会社イナズマを起業
2003年　近畿大学大学院にて博士（工学）号取得、大学院修了
2006年　『パソコンでつくるペーパークラフト2』（紙龍）が文化庁メディア芸術祭
　　　　「審査委員会推薦作品」に認定
2007年　『やさしいC＋＋ Part2』が文化庁・メディア芸術祭にノミネート
2012年　論文誌NICOGRAPHに紙龍の研究成果が掲載される
現　在　有限会社イナズマ取締役　大学非常勤講師
　　　　ペーパークラフトやIT事業、ビジネス・実用書からＳＦ文芸書籍までの活動を行う
　　　　『やさしいC++ Part2』『やさしいJava』『パソコンでつくるペーパークラフト3』（工学社）
　　　　『これができたらノーベル賞』（本の泉社）
　　　　『ビースト・コード』『ビースト・ブレイン』（リトル・ガリヴァー社）ほか著書多数（60冊）

おことわり

本書の内容は、執筆時点で著者が設定した環境におけるものです。使用する方の環境や、ソフトウエアのバージョンアップ等により、記載どおりにいかない場合があります。その節はご諒承ください。なお、サポートは行っておりません。お問い合わせにはお応えできないこともあります。本書の内容に関するご質問は切手を貼った返信用封筒を同封の上、郵送でお送りください。
落丁・乱丁本は弊社宛にお送りください。送料弊社負担でお取り替えいたします。

※漢字のふりがなは四年生くらいをめやすにしています。

カンタン。タノシイ。カッコイイ。
小学生からのプログラミング Small Basic で遊ぼう!!

2018年7月28日　第2版発行
著　者　米村貴裕
イラスト　秋田恵微
発行人　松﨑義行
発　行　みらいパブリッシング
　　　　東京都杉並区高円寺南4-26-5 YSビル3F 〒166-0003
　　　　注文専用FAX 03-4243-3913
発　売　星雲社
　　　　東京都文京区水道1-3-30 〒112-0005
　　　　TEL 03-3868-3275　FAX 03-3868-6588

企画協力／城村典子　装幀／堀川さゆり　印刷・製本／株式会社上野印刷所

© Takahiro Yonemura 2017 Printed in Japan
ISBN978-4-434-23551-1 C3004

本書の文章中のWindows、Small Basicほか、Microsoft関連の商標は、すべてMicrosoftの登録商標ですが、® や ™ は省略しています。